Yosef Hayim Yerushalmi
Sachor: Erinnere dich!

Yosef Hayim Yerushalmi
SACHOR: ERINNERE DICH!
Jüdische Geschichte und jüdisches Gedächtnis

Aus dem amerikanischen Englisch von Wolfgang Heuss
und mit einem Nachwort von Michael Brenner

Aktualisierte Ausgabe

Verlag Klaus Wagenbach Berlin

Die amerikanische Originalausgabe erschien 1982 unter dem Titel *Zakhor. Jewish History and Jewish Memory* bei University of Washington Press in Seattle und London und die deutsche Übersetzung 1988 im Verlag Klaus Wagenbach, Berlin.

Bibelstellen werden nach der »Rabbinerbibel«
(*Die vierundzwanzig Bücher der Heiligen Schrift. Nach dem masoretischen Text,* Tel Aviv 1997),
übersetzt von Leopold Zunz, zitiert.
Stellen aus dem Talmud und der Mischna sind übersetzt nach Lazarus Goldschmidts zwölfbändiger Übertragung Der Babylonische Talmud (1929–1936),
auch online zugänglich unter www.sefaria.org.

Wagenbachs Taschenbuch 859

Verlag Klaus Wagenbach, Emser Straße 40/41, 10719 Berlin
www.wagenbach.de

Covergestaltung: Julie August unter Verwendung eines Holzschnitts aus der Livorno-Haggada von 1867
Gesetzt aus der ScalaCE und der DIN.
Gedruckt und gebunden bei Drukarnia ArtDruk, Szczecin.
Printed in Poland.

ISBN 978 3 8031 2859 1

Dem Gedenken meines Vaters
Yehuda Yerushalmi
zum Dank für das Geschenk
einer lebendigen Vergangenheit
Und meinem Sohn Ariel
der Freude in die Gegenwart und
Vergangenheit in der Zukunft bringt

Inhalt

Vorwort

Denn frage doch ein frühes Geschlecht,
merke aufs Forschen ihrer Väter
– denn von gestern sind wir und wissen nicht,
denn ein Schatten sind unsre Tage auf Erden –,
unterweisen sie dich nicht, sprechen zu dir,
bringen Worte aus ihrem Herzen hervor?

Hiob 8,8

da wir so gut dies unser Schicksal erkannten
Irrende zwischen zerbrochenen Steinen seit drei-
oder sechstausend Jahren
Stocherer in geborstenem Bauwerk das leicht
unser eigenes Haus wär
gelehrige Schüler von Jahreszahlen und heroischen Taten:
gelingt es uns noch?

Giorgos Seferis, Mythischer Lebensbericht, 22. Stück
(Übersetzung von Christian Enzensberger)

Das vorliegende Buch – historische Betrachtung, Bekenntnis und Glaubensbekenntnis in einem – hat bei seiner Entstehung mehrere Stadien durchlaufen. Die jeweils nächste Stufe war bei diesem Entwicklungsprozess nie vorhersehbar. Als ich 1977 ein Freisemester in Jerusalem verbrachte, hielt ich am Institut für Jüdische Studien der Hebräischen Universität einen Vortrag über jüdische Geschichtsschreibung im 16. Jahrhundert. Dieses an sich schon faszinierende Thema wählte ich vor allem, weil ich meine, dass ein richtiges Verständnis dieses Einzelphänomens zum Ausgangspunkt für eine Reihe von Fragen nach dem Stellenwert der Historiografie in der jüdischen Kultur überhaupt werden kann. Nach meiner Rückkehr in die Vereinigten Staaten wurde ich um einen Beitrag zu der damals in Vorbereitung befindlichen Festschrift der American Academy for Jewish Research gebeten. Ich steuerte eine etwas ausführlichere englische Fassung meines hebräischen Vortrags bei, die dann unter dem Titel »Clio and the Jews. Reflections on Jewish Historiography in the Sixteenth Century« im Herbst 1980 in besagtem Band erschien. Wie schon im ursprünglichen Vortrag hielt ich mich auch in diesem Aufsatz eng an das titelgebende Thema; gelegentliche Hinweise auf den größeren Zusammenhang gab es aber schon damals.

Dabei hätte es sein Bewenden haben können, wäre nicht die freundliche Einladung der University of Washington an mich ergangen, im April 1980 die Stroum Lectures zu übernehmen. Die Gelegenheit schien günstig für eine umfassendere, nicht mehr auf eine einzelne Epoche beschränkte Darstellung der Fragen, die mich bewegten. Dennoch formulierte ich das Thema – »Jüdische Geschichte und jüdisches Gedächtnis« – nicht ohne Bedenken. Im Rahmen von vier Vorträgen war es offensichtlich ausgeschlossen, die Fragen, um die es geht, in der gebotenen Ausführlichkeit und Detailgenauigkeit zu untersuchen. Trotz dieser Zweifel machte ich mich aber an die Arbeit und hielt schließlich auch die Vorträge. Dieses Buch ist das Ergebnis.

Soviel zu den äußeren Umständen, unter denen das Buch zustande kam. In einem tieferen Sinne verdankt es seine Entstehung aber meinem Ringen um mein Selbstverständnis als jüdischer Historiker, nicht etwa im objektiven Kontext dieser weltweiten Wissenschaft, sondern vielmehr im engeren Rahmen der jüdischen Geschichte selbst. Mit der jüdischen Geschichtswissenschaft an sich habe ich keine Probleme – oder doch nur solche, wie sie Historiker anderer Fächer auch kennen. Wenn einer schon den Großteil seiner Arbeitskraft dem Studium der Vergangenheit widmen will, steht außer Frage, dass die jüdische Geschichtswissenschaft, was ihre Bedeutung und Leistungen angeht, es mit jeder anderen aufnehmen kann. Aus dem Blickwinkel der jüdischen Geschichte aber sieht die Sache anders aus. Der eigentliche Kern dieses Buches ist nämlich der Versuch, ein Phänomen zu verstehen, welches mir lange als ein Paradox erschien – die Tatsache, dass zwar die Frage nach dem Sinn der Geschichte bei den Juden zu allen Zeiten eine entscheidende Rolle spielte, die Geschichtsschreibung dagegen entweder gar keine oder bestenfalls eine untergeordnete. Hand in Hand damit geht die Feststellung, dass Erinnerung an die Vergangenheit zwar immer ein zentraler Aspekt der jüdischen Erfahrung, aber nicht in erster Linie dem Historiker anvertraut war.

Flotte Formulierungen und mangelnde semantische Präzision haben diese bedeutsame Dualität oft verborgen. Schließlich haben die Juden den Ruf, eines der am stärksten historisch orientierten Völker zu sein, mit dem längsten und hartnäckigsten Gedächtnis. Je nachdem, was man unter ›Gedächtnis‹ und ›Geschichte‹ versteht, kann solches Lob durchaus zutreffend oder auch völlig falsch sein; es bedeutet gar nichts, solange man nicht dazu sagt, welche Art der Geschichte die Juden geschätzt, was sie aus ihrer Vergangenheit als erinnernswert ausgewählt und wie sie das Erinnerte bewahrt, überliefert und mit neuem Leben erfüllt haben. Diese Frage will ich untersuchen und hoffe dabei deutlich machen zu können, dass das Interesse der Juden an der Geschichte früher völlig anders gelagert war als heute. Richtig verstehen wird man dieses Buch also, wenn man es unter anderem als einen Versuch der historischen *Distanzgewinnung* begreift.

Die Begriffe, deren ich mich bediene, bedürfen keiner besonderen Definition, da ihre Bedeutung sich aus dem jeweiligen Kontext ohne weiteres erschließt. Meine Auffassung von ›Geschichtsschreibung‹ habe ich in meinem obengenannten Aufsatz über »Clio and the Jews« ausführlich dargelegt; dort finden sich auch Belege für die Unsitte, den entscheidenden Unterschied zwischen historischen Schriften und allen möglichen anderen Genres der jüdischen Literatur zu verwischen, die an Geschichte zwar durchaus ein tiefes, am Aufzeichnen historischer Ereignisse aber nicht das geringste Interesse verraten. Das alles braucht hier nicht wiederholt zu werden.

Ich lege Wert auf die Feststellung, dass es mir weder um etwas irgendwie Vererbtes noch um eine den Jungschen Archetypen analoge angeborene psychische Struktur geht, wenn ich gelegentlich von »Kollektivgedächtnis« oder »Gruppengedächtnis« spreche. Die Theorie, die noch im 17. Jahrhundert zahllose Anhänger hatte, dass ein allein im Wald ausgesetztes Kind spontan Hebräisch zu sprechen beginne, stimmt für ein jüdisches *enfant sauvage* ebenso wenig wie die Vermutung, so ein Kind »erinnere« sich an Abrahams Zug von Ur nach Kanaan. Sprache und überpersönliche Erinnerung kann nur die Gruppe weitergeben. Vor über fünfzig Jahren hat sich Maurice Halbwachs bleibende Verdienste erworben, als er im Gegensatz zu Psychologen und Philosophen entschieden die Auffassung vertrat, selbst das Gedächtnis des Einzelnen sei durch gesellschaftliche Bedingungen strukturiert, wie ja auch ›Kollektivgedächtnis‹ nicht etwa eine Metapher sei, sondern eine durch Institutionen und bewusste

Leistungen der Gruppe vermittelte und aufrechterhaltene gesellschaftliche Realität (vgl. *Das Gedächtnis und seine sozialen Bedingungen*, Frankfurt/Main 1985, und den posthumen Band *Das kollektive Gedächtnis*, Frankfurt/Main 1991). Den Begriff Kollektivgedächtnis verdanke ich diesen Werken, auch wenn ich das Wort nicht genau in dem Sinne wie Halbwachs verwende. Wo es allerdings darum ging, die Dynamik des *jüdischen* Kollektivgedächtnisses im Besonderen zu untersuchen, konnte ich mich kaum auf Vorarbeiten stützen. Die Kategorien, die man üblicherweise heranzieht, geben im Fall des Judentums meist nichts her. Erkenntnisse aus der Untersuchung mündlicher Überlieferung lassen sich z. B. auf ein dermaßen lesekundiges und extrem buchorientiertes Volk wie die Juden nur teilweise übertragen. Auch Vorstellungen vom Kollektivgedächtnis, die anhand der Folklore und Mythologie bäuerlicher oder primitiver Gesellschaften entwickelt wurden, führen nicht viel weiter, wenn man sich klarmacht, wie sehr Kultur und Gesellschaft bei den Juden vor der Neuzeit von Führungseliten geprägt wurden. Es ist wohl kein Zufall, dass Halbwachs selbst im ersten seiner obengenannten Bücher im Kapitel »Das Kollektivgedächtnis der religiösen Gruppen« ausschließlich vom Christentum spricht, während es in dem späteren Werk bei »Kollektives und historisches Gedächtnis« um das historische Gedächtnis einer Nation geht. Die Juden dagegen stellen seit Anbeginn ihrer Geschichte eine einzigartige Verschmelzung einer Religion und eines Volkes dar und sind mit nur einer dieser beiden Kategorien nicht zu begreifen. Die Geschichte des jüdischen Kollektivgedächtnisses gilt es erst noch zu erforschen. Ich zeichne lediglich hier und da die Richtung vor, die man dabei einschlagen könnte.

Als ich mich nach über einem Jahr wieder mit den Vorträgen befasste, um sie zur Veröffentlichung vorzubereiten, war ich mehr als einmal versucht, sie völlig umzuschreiben bzw. ganz beiseite zu legen und zu den gleichen Themen ein umfassendes, sehr viel umfangreicheres Werk zu verfassen.

Doch letzten Endes tat ich nichts dergleichen. Ich entschloss mich, die ursprüngliche Form und damit auch den Tonfall der Vorträge beizubehalten. Bei dem wenigen, das ich doch überarbeitet habe, ging es fast nur um bessere Formulierungen. Für den Verlust an Ausführlichkeit und Differenziertheit entschädigt vielleicht der unmittelbarere Tonfall des gesprochenen Wortes. Allerdings habe ich trotz ursprünglicher Bedenken den Rat guter Freunde und Kollegen befolgt und jeden Vortrag mit ausführlichen Anmerkungen versehen. Manche Leser werden davon profitieren, und ich kann auf diesem Wege das eine oder andere, das im Vortrag selbst naturgemäß etwas pauschal dargestellt wurde, modifizieren und nuancieren.

Lasse ich das Ganze Revue passieren, so ist mir völlig klar, dass dieses Buch sein Thema nur in einer Reihe tastender Ansätze umkreist. Letzten Endes beruht die Position, die ich hier vertrete, auf der klaren Einsicht, dass es mehrere durchaus gangbare und in sich ehrliche, voneinander aber ganz verschiedene Wege gibt, wie Menschen die Wahrnehmung ihrer kollektiven Vergangenheit strukturieren. Die moderne Geschichtsschreibung ist dabei zwar die neueste, aber eben doch nur *eine* Methode, den anderen einerseits deutlich überlegen, andererseits auch nicht ohne Mängel, vielleicht sogar unterlegen – Gewinn und Verlust zugleich. Für mich ist demnach das Auftauchen der modernen jüdischen Geschichtswissenschaft im frühen 19. Jahrhundert nicht etwa ein absoluter Triumph des Fortschritts, sondern eine historische Tatsache, die ihrerseits historisch bedingt ist – ernst zu nehmen, aber kein Anlass zum Jubeln. Der Leser würde mich aber missverstehen, wenn er aus meinen Zweifeln und Bedenken gegenüber der modernen Geschichtswissenschaft schlösse, ich plädierte für eine Rückkehr zu früheren Denkweisen. Es ist nun einmal so, dass unsere Art, Zeit und Geschichte zu erleben, einmalig und noch nie dagewesen ist; es gilt, sie zu reflektieren, vielleicht auch, eine neue Richtung einzuschlagen. Zuversichtlich sind meine Schlussfolgerungen zwar nicht, aber wohl auch nicht ohne Hoffnung.

Yosef Hayim Yerushalmi
Wellfleet, Cape Cod
30. Aw 5741/ 30. August 1981

Biblische und rabbinische Grundlagen

Der Sinn von Geschichte, Gedächtnis und Geschichtsschreibung

Denn frage doch an bei den vergangenen Tagen, die vor dir gewesen, von dem Tage an, da Gott einen Menschen geschaffen hat auf der Erde, und von einem Ende des Himmels bis an das andere Ende des Himmels, ob etwas, wie diese große Sache, sich begeben, oder ob dergleichen gehört worden.

Deuteronomium 4,32

R. Eleazar b. Azarja sprach: Ich bin bereits wie ein Siebzigjähriger, dennoch konnte ich (meine Ansicht) nicht durchsetzen, dass man den (Abschnitt vom) Auszug aus Miçrajim auch nachts lese; bis Ben Zoma kam und dies aus der Schrift deutete. Es heisst: (Deut. 16,3) damit du des Tages deines Auszuges aus Miçrajim alle Tage deines Lebens gedenkest; *die Tage deines Lebens, das sind die Tage,* alle *Tage deines Lebens, das sind die Nächte. Die Weisen aber sagen: Die Tage deines Lebens, das ist diese Welt; alle Tage deines Lebens, dies schliesst die messianischen Tage ein.*

Mischna Berakhoth 1,5

Der hebräische Imperativ *Sachor* – erinnere dich – kündigt mein schwer zu fassendes Thema an. Problematisch ist Erinnerung immer, oft trügt sie, manchmal betrügt sie uns. Proust wusste dies, und die »Suche nach der verlorenen Zeit« hat ihre düsteren, beklemmenden Seiten. In der Zauberwelt von Alain Resnais' Film wird der Heldin bald klar, dass sie nicht sicher wissen kann, was sich »letztes Jahr in Marienbad« ereignete. Und jeder von uns merkt immer wieder einmal, wie unzuverlässig und kapriziös das menschliche Gedächtnis sein kann.

Und doch sieht es so aus, als sei in der hebräischen Bibel das Erinnern ohne Zögern einfach auferlegt. Die Aufforderung, sich zu erinnern, ergeht bedingungslos, und selbst wenn eine ausdrückliche Aufforderung nicht erfolgt, spielt das Erinnern stets eine Schlüsselrolle. Das Verb *sachar* (erinnern) in all seinen Formen kommt in der Bibel nicht weniger als 169 Mal vor. Angesprochen sind meistens entweder Israel oder Gott, denn Erinnerung obliegt beiden.[1] Dem Verb ist sein Gegenteil zugeordnet – vergessen. Israel wird ermahnt zu gedenken, und zugleich wird dem Volk eingeschärft, nicht zu vergessen. Angesichts der ungeheuren Wirkung, welche diese beiden Gebote seit biblischen Zeiten bei den Juden entfaltet haben, möchte ich behaupten: Wer verstehen will, wie ein Volk überleben konnte, welches während des größten Teils seiner Existenz über die ganze Welt verstreut war, kann aus der bislang kaum erforschten und erst noch zu schreibenden Geschichte des Gedächtnisses dieses Volkes vermutlich Wichtiges lernen.

Was war es nun aber, dessen die Juden sich erinnern sollten, und wie sollten sie dabei vorgehen? Mittels welcher Dynamik hat die jüdische Erinnerung funktioniert? Worin besteht der Zusammenhang – wenn es ihn überhaupt gibt – zwischen Geschichtsschreibung und dem Gebot des Erinnerns? Geschichtsschreibung, das Aufzeichnen historischer Ereignisse, war nämlich keineswegs die gängigste Methode, das Kollektivgedächtnis des jüdischen Volkes anzusprechen und wachzurufen – eine scheinbare Ironie, die sich nicht nur bei den Juden findet. Jeder weiß, dass das Erinnerte nicht immer aufgezeichnet und das Aufgezeichnete – Historiker mögen das bedauern – nicht unbedingt erinnert wird.

Ich habe nicht vor, im Rahmen dieses schmalen Buches das Verhältnis zwischen jüdischem Gedächtnis und jüdischer Geschichtsschreibung in seiner ganzen Komplexität darzustellen. Es geht auch nicht um den Versuch einer Geschichte der jüdischen Historiografie, nicht um Geschichtsschreibung an sich, sondern um das Verhältnis der Juden zu ihrer eigenen Vergangenheit und um die Rolle, die der Historiker dabei spielt. Was ich zu sagen habe, hat auch einen ganz persönlichen Aspekt, denn es geht um Fragen nach dem Wesen meiner Wissenschaft, Fragen, die ich mir seit Langem stelle, ohne zu beanspruchen, für die Gesamtheit meiner Zunft zu sprechen. Ich hoffe allerdings, dass am Ende das Persönliche nicht einfach als willkürlich erscheint. Nun zu meiner letzten Vorbemerkung: Ich habe es zwar als Historiker der Juden in erster Linie mit der jüdischen Vergangenheit zu tun, glaube aber nicht, dass unsere Thematik nur für die jüdische Geschichte relevant ist. Aber immerhin ist es denkbar, dass die wesentlichen Fragen hier deutlicher hervortreten als anderswo. Und damit zur Sache.

Einem Menschen, der im modernen Westen aufgewachsen ist und den entsprechenden Bildungsweg durchlaufen hat, ist oft nur schwer begreiflich zu machen, dass Interesse an Geschichte – von Geschichtsschreibung ganz zu schweigen – keineswegs ein Wesensmerkmal aller menschlichen Kultur ist. Es hat schon immer Kulturen gegeben, und gibt sie auch heute noch, die der historischen und zeitlichen Dimension der menschlichen Existenz nichts abgewinnen konnten. Bei der Sichtung großer Mengen völkerkundlichen Materials aus der ganzen Welt haben Ethnologen und Religionswissenschaftler nach und nach geklärt, bis zu welchem Grad in primitiven Gesellschaften statt der historischen eine mythische Zeit als ›wirklich‹ empfunden wird, eine Zeit des Uranfangs und der paradigmatischen ersten Taten, die Traumzeit, als die Welt noch neu war, das Leiden unbekannt und die Menschen mit Göttern Umgang pflegten. In derartigen Kulturen ist der gegenwärtige Augenblick an sich wertlos; Sinn und Wirklichkeit gewinnt er erst, wenn er sich verwandelt, wenn durch die Wiederholung eines Rituals, das Zitieren oder Darstellen eines Mythos die historische Zeit in regelmäßigen Abständen aufgebrochen wird, sodass die Menschen, und sei es auch nur für kurze Zeit, die wahre Zeit des Ursprungs und der Archetypen wiedererleben.[2] Mythos und Ritual entfalten solche Wirkungskraft keineswegs nur bei den sogenannten Primitiven. Mindestens seit der Antike findet sich dergleichen auch, samt der zugehörigen Mentalität, in den großen heidnischen Religionen. In der Metaphysik und Erkenntnistheorie einiger fernöstlicher Hochkulturen werden Zeit und Geschichte als illusorisch abgetan; Befreiung von derartigen Täuschungen gilt dort als Voraussetzung für wahres Wissen und endgültige Erlösung. Das alles ist in einer umfangreichen Literatur belegt, sodass ich mir hier jedes weitere Wort ersparen kann. Lassen Sie mich jedoch um der Anschaulichkeit willen ein schlagendes Beispiel aus Indien zitieren. Ein bekannter zeitgenössischer indischer Wissenschaftler schreibt:

> »... Tatsache bleibt, dass mit Ausnahme von Kalhanas *Rajatarangini*, das lediglich eine Geschichte Kaschmirs bietet, die gesamte Sanskrit-Literatur keinen einzigen regelrecht oder auch nur annähernd historischen Text im eigentlichen Sinn des Wortes kennt. Diese Feststellung berührt umso seltsamer, als ansonsten kaum ein Wissensgebiet oder den Menschen interessierendes Thema in dieser Literatur fehlt. Das Fehlen echter historischer Literatur im

Sanskrit ist dermaßen ungewöhnlich, dass sogar viele gebildete Inder diese offensichtliche Tatsache nicht wahrhaben wollen und allen Ernstes meinen, es habe viele solche historischen Texte gegeben, sie seien nur allesamt verloren gegangen.«[3]

Herodot gilt bekanntlich als ›Vater der Geschichtsschreibung‹ (eine Wendung, über die man diskutieren müsste, wozu allerdings hier nicht der Ort ist), und bis vor Kurzem wusste jeder Gebildete, dass die Griechen eine Reihe großer Historiker hervorgebracht haben, die man immer noch mit Genuss und Gewinn lesen kann. Doch weder diese Historiker selber noch die Kultur, der sie entstammten, sahen in der Geschichte insgesamt einen letzten oder transzendenten Sinn. Genau genommen entwickelten die Griechen nicht einmal eine Vorstellung von Universalgeschichte, von Geschichte als Gesamtzusammenhang. Herodot wurde beim Schreiben von etwas sehr Menschlichem inspiriert, die Absicht nämlich, wie er selber sagt, »damit die von Menschen vollbrachten Taten nicht mit der Zeit in Vergessenheit geraten und die großen und bewundernswerten Leistungen, die einerseits von den Griechen, andererseits von den Barbaren erbracht wurden, nicht ohne Nachruhm bleiben«. Für Herodot hieß Geschichte schreiben zunächst und vor allem ein Bollwerk errichten gegen das unaufhaltsame, durch das Verstreichen der Zeit bewirkte Verblassen der Erinnerung. Im Allgemeinen war Geschichtsschreibung bei den Griechen entweder ein Ausdruck der fabelhaften hellenischen Wissbegier, des Erkundungsdranges, der sie uns immer noch verwandt erscheinen lässt, oder sie war ein Mittel, um der Vergangenheit moralische Beispiele oder politische Einsichten abzugewinnen. Weitere Wahrheiten hatte die Geschichte nicht zu bieten, und daher spielte sie in der Religion und Philosophie der Griechen auch keine Rolle. War Herodot der Vater der Geschichtsschreibung, so waren die Juden die Väter des Sinns in der Geschichte.[4]

Im alten Israel maß man der Geschichte zum ersten Mal eine entscheidende Bedeutung bei; dadurch entstand eine neue Weltanschauung, deren entscheidende Prämissen später vom Christentum und dann auch vom Islam übernommen wurden. Mit den Worten des Psalmisten mochten zwar immer noch »die Himmel die Herrlichkeit Gottes erzählen«, doch sein Wille offenbarte sich jetzt in der Geschichte des Menschen. Diese neue Betrachtungsweise war nicht etwa eine Folge philosophischer Spekulationen, sondern ergab sich aus den Wesensmerkmalen des israelitischen Glaubens. Sie entstand aus einem intuitiven, revolutionären Gottesverständnis und wurde aufgrund tiefempfundener historischer Erfahrungen weiterentwickelt. Im Rückblick sind die Folgen dieser neuen Weltanschauung unübersehbar. Die entscheidende Begegnung zwischen Mensch und Göttlichem verlagerte sich plötzlich vom Reich der Natur und des Kosmos auf die Ebene der Geschichte; und damit ging es nun um die menschliche Reaktion auf göttliche Herausforderung. An die Stelle des heidnischen Kampfes der Götter untereinander oder gegen die Mächte des Chaos trat ein anderer, dramatischerer Konflikt – nämlich der paradoxe Kampf zwischen dem göttlichen Willen eines allmächtigen Schöpfers und dem freien Willen seines Geschöpfs, des Menschen, ausgetragen auf dem Feld der Geschichte, in angespannter Dialektik von Gehorsam und Rebellion. Die in der Bibel nur in der Paradieserzählung der Genesis dargestellte uranfängliche Traumzeit-Welt der Archetypen war damit unwiederbringlich dahin.[5] Wenn Adam und Eva den Garten Eden verlassen, beginnt die Geschichte, wird die historische Zeit real und ist der Rückweg auf ewig versperrt. Vor dem Garten Eden macht »die Flamme des Schwertes, des kreisenden«, den Wiedereintritt unmöglich. Nach hebräischer Vorstellung lernt der gegen seinen Willen in die Geschichte geworfene Mensch seine historische Existenz trotz des Leids, das sie mit sich bringt, allmählich bejahen und entdeckt auf diesem mühsamen Wege auch, dass Gott sich im Lauf der Geschichte offenbart. Rituale und Feste sind im alten Israel in erster Linie schon nicht mehr die Wiederholung mythischer Archetypen, die die historische Zeit aufheben sollen. Sofern dabei die Vergangenheit evoziert wird, handelt es sich nicht um die vorgeschichtliche Vergangenheit, sondern um die geschichtliche Zeit, in der sich die entscheidenden großen Augenblicke der Geschichte Israels erfüllten. Die biblische Religion sucht sich keineswegs aus der Geschichte davonzustehlen, im Gegenteil: Sie ist von Geschichte durchdrungen und ohne sie undenkbar.

Die beherrschende Rolle der Geschichte im alten Israel lässt sich durch nichts dramatischer beweisen als durch die Tatsache, dass die Menschen selbst Gott nur kennen, insofern er sich ›historisch‹ offenbart. Wenn Moses ausgeschickt wird, den geknechteten Hebräern die Botschaft von der Befreiung zu bringen, kommt er nicht im Namen des Schöpfers von Himmel und Erde, sondern des »Gottes der Väter«, also des Gottes der Geschichte: »Der Ewige, der Gott euerer Väter ist mir erschienen, der Gott Abrahams, Jizchaks und Jaakobs, mit den Worten: Wahrgenommen hab' ich euch und das an euch Verübte in Mizrajim« (Exod. 3,16). Wenn Gott sich am Sinai dem ganzen Volk zu erkennen gibt, ist nicht von seinem Wesen oder seinen Eigenschaften die Rede, sondern es heißt: »Ich bin der Ewige, dein Gott, der ich dich geführt aus dem Lande Mizrajim, aus dem Knechthause.« (Exod. 20,2) Das genügt, denn hier wie auch sonst kennt das alte Israel Gott aufgrund seiner Taten in der Geschichte.[6] Deshalb ist für Israels Glauben, ja für seine Existenz überhaupt, die Erinnerung von entscheidender Bedeutung.

Nur in Israel, nirgends sonst, empfindet ein ganzes Volk die Aufforderung, sich zu erinnern, als religiösen Imperativ. Wirkung zeigt diese Anordnung allenthalben, besonders stark im Fünften Buch Mose und bei den Propheten: »Gedenke der Tage der Urzeit, erwäget die Jahre vergangener Geschlechter« (Deut. 32,7). »Bedenke dies, Jaakob und Jisrael, denn du bist mein Knecht, gebildet hab' ich dich mir zum Knechte, du bist es, Jisrael, du wirst von mir nicht vergessen.« (Jes. 44,21) »Gedenke, was dir Amalek getan« (Deut. 25,17) »Mein Volk, bedenke doch, was Balak Moabs König, beschlossen« (Mi. 6,5). Und immer wieder wird dem Volk eingehämmert: »Gedenke, dass du ein Knecht warst in Ägypten ...«

Der Befehl, sich zu erinnern, gilt zwar absolut, doch die Sorge um die Erinnerung mutet manchmal fast verzweifelt an; auch die Bibel weiß nur zu gut, wie wenig Verlass ist auf das Gedächtnis der Menschen. Nicht Geschichte, wie häufig angenommen wird, wiederholt sich, sondern die mythische Zeit. Wenn Geschichte wirklich ist, kann das Rote Meer nur einmal durchquert werden, kann Israel nicht zweimal am Sinai stehen – man mag hierin ein hebräisches Pendant zur Weisheit des Heraklit sehen.[7] Ewig dauern soll aber der Bund: »Und nicht mit euch allein schließe ich diesen Bund und diesen Vereidigungsfluch;

Sondern so mit dem, der heut hier mit uns ist, stehend vor dem Ewigen, unserm Gotte, als mit dem, der heut hier nicht mit uns ist.« (Deut. 29,13–14) – ein unerhörter Anspruch. Und nach dem Gang durch den Jordan kommt der Befehl, »Steine zum Andenken« aus dem Flussbett zu holen: »wenn eure Söhne künftig fragen und sprechen: Was sollen euch diese Steine?

Und ihr sprecht zu ihnen: daß sich getrennt die Wasser der Jarden vor der Bundeslade des Ewigen; als sie durch den Jarden zog, trennten sich die Wasser des Jarden, und es sollen Steine zum Andenken sein den Kindern Jisrael auf ewig« (Jos. 4,6–7) Wird die an den Stein gebundene Erinnerung für spätere Generationen wieder heraufbeschworen und lebendig, so ist dabei nicht der Stein entscheidend, sondern die von den Vätern überlieferte Erinnerung. Wenn es keine Rückkehr zum Sinai geben kann, müssen die dortigen Ereignisse auf den Bahnen der Erinnerung zu denen gelangen, die an diesem Tage nicht dabei waren.

Die biblische Aufforderung zur Erinnerung hat also mit Neugier auf die Vergangenheit wenig zu tun. Israel wird aufgefordert, ein Reich der Priester und ein heiliges Volk zu werden; von einem Volk von Historikern ist nicht die Rede. Die Forderung, dass Israel sich erinnere, trägt der selektiven Natur des Gedächtnisses durchaus Rechnung. Wir mögen Gefallen finden an Rankes Wort, jede Epoche sei unmittelbar zu Gott, doch dem biblischen Denken ist diese Vorstellung fremd. Dass die Geschichte Bedeutung hat, heißt dort nicht, dass alle Ereignisse der Geschichte bedeutsam und der Erinnerung wert sind. Von Manasse vom Stamme Juda, einem mächtigen König, der in Jerusalem 55 Jahre herrschte, hören wir nur: »Und er tat, was böse ist in den Augen des Ewigen« (2. Kön. 21,2). Und nur von diesen Missetaten erfahren wir Näheres. Israel – keineswegs verpflichtet, sich der gesamten Vergangenheit zu erinnern – verfügt über ein ganz besonderes Auswahlprinzip: Vor allem gilt es, der göttlichen Eingriffe in die Geschichte samt der positiven bzw. negativen Reaktionen der Menschen zu gedenken. Ausgelöst wird das Erinnern auch nicht wie üblich durch das lobenswerte Bedürfnis, die Heldentaten eines Volkes vor dem Vergessen zu bewahren; eine Reihe von biblischen Erzählungen scheinen vielmehr geradezu darauf angelegt, dem Nationalstolz eins auszuwischen. Die große Gefahr ist nämlich weniger, dass ein Ereignis an sich vergessen wird, als dass vergessen wird, *wie* es sich ereignete. »Und es wird geschehen, wenn dich bringen wird der Ewige dein Gott in das Land, das er geschworen deinen Vätern, Abraham, Jizchak und Jaakob, dir zu geben, – große und schöne Städte, die du nicht gebauet,

Und Häuser, voll alles Gutes, die du nicht gefüllt, und gehauene Brunnen, die du nicht ausgehauen, Weinberge und Ölbäume, die du nicht gepflanzt, und du wirst essen und satt werden;

Hüte dich, daß du nicht vergessest den Weigen,
der dich herausgeführt aus dem Lande Mizrajim,
aus dem Hause der Knechte.« (Deut. 6,10–12; vgl. 8,11–18)

Ritual und Rezitation waren die Hauptbahnen der Erinnerung. Pessach und Laubhüttenfest, die großen Pilgerfeste, behielten zwar ihren natürlich-organischen Bezug zum Erntejahr (Frühling und erste Früchte), wurden aber gleichzeitig zu Gedenkfeiern für den Auszug aus Ägypten und den Aufenthalt in der Wüste. (Auf ähnliche Weise sollte das biblische Wochenfest Schawuot in der Zeit des Zweiten Tempels zur Gedenkfeier für die Verkündigung der Gesetze am Sinai werden.) Vor und manchmal neben der Prosa der Chronisten gab es mündlich überlieferte Dichtung. Für den hebräischen Leser besitzen Texte aus dieser Überlieferung wie Mose Lobgesang (Exod. 15,1–18) oder das Lied der Deborah (Ri. 5) heute noch dank ihrer archaischen Rhythmen und Bilder eine auffällige Macht, eine Ahnung ferner und doch seltsam bewegender Urereignisse heraufzubeschwören, deren Einzelheiten wohl unrettbar verloren sind.

Ein Paradebeispiel für das Wechselspiel von Ritual und Rezitation bietet das Zeremoniell der ersten Früchte im Fünften Buch Mose, Kapitel 26. Die folgende Vorschrift gilt für jeden Israeliten bei der Opferung dieser Früchte im Heiligtum:

> »Du sollst anheben und sprechen vor dem Ewigen deinem Gotte: Ein herumirrender Arammi war mein Vater und er ging hinab nach Mizrajim und weilte daselbst mit einem geringen Häuflein, und ward daselbst zu einem Volke, groß, mächtig und zahlreich.
> Und es mißhandelten uns die Mizrim und drückten uns und legten uns schwere Lastarbeit auf.
> Und
> wir schrien zu dem Ewigen, dem Gotte unsrer Väter, und es hörte der Ewige unsere Stimme und sah unser Elend und unser Mühsal und unsern Druck.
> Und der Ewige führte uns aus Mizrajim mit starker Hand und ausgestrecktem Arme, und mit großem Schrecken und mit Zeichen und Wundern,

> Und brachte uns an diesen Ort, und gab uns dieses Land, ein Land, fließend von Milch und Honig.« (Deut. 26,5–9)[8]

Knapper lässt sich Geschichte nicht berichten; diese ritualisierte Formel zählt sämtliche entscheidenden Ereignisse auf, deren es zu gedenken gilt: die patriarchalischen Anfänge in Mesopotamien, die Ursprünge des hebräischen Volkes in der Geschichte und nicht in einer mythischen Vorgeschichte, die ägyptische Gefangenschaft und die Befreiung daraus sowie als Höhepunkt den Einzug ins Land Israel. Und durch den ganzen Text zieht sich die Anrufung Gottes als des Herrn der Geschichte.

Die entscheidenden Geschichtsvorstellungen der Bibel wurden also nicht von Historikern, sondern von Priestern und Propheten geprägt, und die Kontinuität der Erinnerung ließ sich mit den genannten Mitteln gewährleisten. Doch daneben musste der Erinnerungsdrang auch in tatsächliche historische Berichte einfließen. Dabei hat in einer vielgestaltigen, ein Jahrtausend umspannenden hebräischen Literatur, die wir lakonisch ›die Bibel‹ nennen, eine lange Reihe anonymer Autoren das bedeutendste Korpus nahöstlicher historischer Texte des Altertums geschaffen.

Es war, gemessen an allen für die Historiografie im Altertum gültigen Kriterien, eine gewaltige Leistung, umso erstaunlicher, wenn man die ihr zugrundeliegenden Ansätze bedenkt. Angesichts der Tatsache, dass Gott der eigentliche Held der Geschichte ist, fällt der wahrhaft menschliche Maßstab dieser historischen Erzählungen auf, es sei denn, man bemerkt diesen Aspekt gar nicht mehr, weil die Texte so vertraut sind. Es gab *a priori* keinen zwingenden Grund, beim Erzählen biblischer Ereignisse über einen episodischen Bericht von göttlichen Wundern hinauszugehen. Den Kern der biblischen Geschichte bildet ja auch eine Aufzählung der Taten Gottes, doch die überwiegende Zahl der Berichte erzählt von menschlichen Handlungen und den Taten Israels und anderer

Völker. Selbstverständlich wurzelte die Geschichtsschreibung im alten Israel in der Überzeugung, Geschichte sei Theophanie, und letztlich sei die Deutung allen Geschehens in diesem Glauben zu suchen; herausgekommen ist dabei aber nicht Theologie, sondern eine Geschichtsschreibung, wie es sie vorher nicht gegeben hatte.

Überraschend ist auch, dass die biblische Geschichtsschreibung über weite Strecken sehr konkret ist. Statt der zu erwartenden, an vorgefassten Strukturen mehr als am genauen Detail interessierten legendenbildenden Nacherzählung der Vergangenheit Israels finden wir einen Text, der fest in der geschichtlichen Realität verankert ist. Nur selten verwischen sich die scharfen Trennlinien zwischen den Ereignissen und Merkmalen verschiedener Epochen. Wenn sich die Hoffnungen einer frühen Generation später nicht erfüllen, wird der Widerspruch nicht geglättet. (Man vergleiche z. B. die versprochenen Grenzen des Landes Israel mit den in Kanaan tatsächlich eroberten Gebieten.)[9] Historische Gestalten treten nicht einfach als Typen auf, sondern als voll entwickelte Individuen. Die Chronologie wird im Großen und Ganzen eingehalten. Die Texte verraten einen echten Sinn für das Verstreichen historischer Zeit und historischen Wandel. Abraham wird nicht als jemand dargestellt, der die Gesetze Mose beachten würde. Bei den periodischen Redaktionen wurden die jeweils verfügbaren Quellen nicht unbedingt miteinander in Einklang gebracht. Bis heute finden sich im Buch Samuel zwei einander widersprechende Berichte vom Ursprung der israelitischen Monarchie.

Dass die biblische Historiografie nicht ›tatsachenorientiert‹ in einem modernen Sinn ist, ist zu selbstverständlich, als dass es eines umfassenden Kommentars bedarf. Gleichzeitig sind aber auch die poetischen und legendarischen Elemente der Bibel nicht etwa ›Fiktionen‹ im heutigen Sinn. Für ein Volk des Altertums handelte es sich dabei vielmehr um legitime und manchmal unumgängliche Arten der historischen Wahrnehmung und Deutung.[10] Allerdings ist die Geschichtsschreibung der Bibel in dieser Hinsicht keineswegs einheitlich. Die Erzählungen, die von den Anfängen der Menschheit bis zur Eroberung Kanaans reichen, sind notwendigerweise legendenhafter als die Berichte über die Königszeit, doch auch innerhalb dieser Teile gibt es diesbezüglich deutliche Unterschiede. Das überrascht natürlich nicht, waren doch die von verschiedenen Autoren zu verschiedenen Zeiten verfassten historischen Texte häufig selbst das Endprodukt einer langen Überlieferungsreihe früherer Dokumente und Traditionen.

Hier ist nicht die Gelegenheit zu erörtern, welche Entwicklungsstufen die Geschichtsschreibung bzw. Geschichtsdeutung der Bibel durchlaufen haben – eine solche Detailuntersuchung wäre in unserem Zusammenhang womöglich sogar irreführend. Die biblischen Schriften lagen nämlich bereits im 2. Jahrhundert v. u. Z. vollständig vor und entfalteten als Einheit ihre weitere Wirkung im Judentum. Das nachbiblische Judentum übernahm nicht etwa eine Anhäufung diverser historischer Quellen und Dokumente, sondern ein organisches und heiliges Ganzes. Von der Genesis bis zu den Chroniken war sie nun nicht nur ein Hort von Weisheit, Glauben und Gesetz, sondern ein zusammenhängender Bericht, die vollständige Geschichte von der Erschaffung der Welt bis zum 5. Jahrhundert v. u. Z.; die Prophetenbücher lieferten dazu gleich noch eine tiefsinnige Deutung. Mit dem zuletzt entstandenen Buch Daniel war schließlich eine apokalyptische Exposition der Weltgeschichte in den biblischen Kanon mitaufgenommen worden, die auf spätere Zeiten eine eigentümliche Faszination ausüben sollte.

Über den Stellenwert der Geschichte im alten Israel ließe sich natürlich noch einiges sagen, was hier außer Acht bleibt. Insofern es uns um ein echtes Verständnis späterer Vorgänge geht, sind wir aber meines Erachtens schon zu einer wichtigen Einsicht gelangt, die nochmals ausdrücklich festgehalten werden soll, da sie sich im Weiteren als hilfreich erweisen dürfte: Wir haben gesehen, dass der Sinn von Geschichte und die Erinnerung an die Vergangenheit keineswegs mit der Geschichtsschreibung gleichzusetzen sind. Gewiss sind diese drei Elemente in der Bibel verknüpft, überschneiden sich an entscheidenden Stellen und sind im Allgemeinen auch in ein feines Netz wechselseitiger Beziehungen eingebunden. Doch im nachbiblischen Judentum streben sie, wie wir noch sehen werden, auseinander. Andererseits ist auch schon in der Bibel die Geschichtsschreibung nur *ein* Ausdruck für das Bewusstsein vom Sinn der Geschichte und von der Notwendigkeit der Erinnerung. Weder die Sinnhaftigkeit noch das Gedächtnis sind letzten Endes auf Geschichtsschreibung angewiesen. Der Sinn der Geschichte wird bei den Propheten unmittelbarer und tiefer erkundet als in den eigentlichen historischen Berichten,[11] die kollektive Erinnerung im Ritual wirksamer weitervermittelt als durch die Chroniken. Andererseits gaben der Historiografie in Israel wie in Griechenland auch ganz andere Bedürfnisse und Überlegungen Auftrieb. Es gab durchaus weltliche Genres der Geschichtsschreibung, bei denen transzendentaler Sinn keine Rolle spielte.[12] Von demselben Manasse, dessen Taten dem Herrn missfielen, heißt es, wie auch von anderen Königen, dass der Rest seiner Taten aufgeschrieben ist »in dem Buche der Zeitgeschichte der Könige von Jehudah.« (2. Kön. 21,17). Vielleicht ist es kein Zufall, dass diese Königschroniken längst verloren sind.

Die historischen Bücher der Bibel wie z. B. Josua, Samuel und Könige blieben vor dem Untergang bewahrt, weil ihnen etwas Außerordentliches widerfuhr. Sie wurden Teile einer verbindlichen Anthologie heiliger Schriften, welche rund dreißig Jahre nach der Zerstörung des zweiten Tempels durch die Römer, also um das Jahr 100 unserer Zeitrechnung, endgültig in den Kanon der hebräischen Bibel aufgenommen wurden. Diese von den Rabbinen in Jawne in Palästina vorgenommene Festlegung verlieh den historischen Büchern und Berichten der Bibel eine Unsterblichkeit, die kein späterer Historiker je wieder erreichen konnte und die anderen, bereits existierenden historischen Werken versagt blieb. So erging es der jüdischen Historiografie der hellenistischen Zeit, darunter den ersten drei Büchern der Makkabäer; selbst die in der christlichen Kirche bewahrten Teile dieser Tradition waren den Juden bis in die Neuzeit hinein nicht zugänglich.[13]

Was in den biblischen Kanon aufgenommen war, hatte sozusagen Anspruch auf ein immer wieder erneuerbares Lebensrecht, und wir sollten versuchen uns vor Augen zu führen, was das bedeutet. Hier wurde zum ersten Mal die Geschichte eines Volkes Teil seiner heiligen Schrift. Die Berichte des Pentateuch, die bis zum Vorabend der Eroberung Kanaans reichen, wurden zusammen mit den allwöchentlichen Lesungen aus den Propheten in der Synagoge von Anfang bis Ende laut vorgelesen. In Palästina war man mit der öffentlichen Lesung nach drei Jahren fertig, in Babylonien – wie heute üblich – nach einem, und dann ging es sogleich wieder von vorne los.[14] Jede neue Generation von Schreibern kopierte und überlieferte die historischen Texte mit der ehrerbietigen Sorgfalt, die man nur dem Heiligen angedeihen lässt. Später bildete sich eine lange, lückenlose Reihe von Schriftgelehrten, die auslegten, was in einer immer weiter zurückweichenden Vergangenheit aufgezeichnet worden war. Und schließlich führte die allmähliche Demokratisierung der jüdischen Gelehrsamkeit dazu, dass das Vorlesen der alten Chroniken und die Auslegung längst verstorbener Propheten zum religiösen Gemeingut eines ganzen Volks statt zum Privileg einer Minderheit wurde.

Umso erstaunlicher mag es da erscheinen, dass die Juden nach dem Abschluss des biblischen Kanons praktisch keine Geschichtsschreibung mehr betrieben. Josephus Flavius markiert den Wendepunkt. Nach der Zerstörung des Zweiten Tempels hatte er es sich im römischen Exil recht angenehm eingerichtet, veröffentlichte etwa zwischen 75 und 79 unserer Zeitrechnung seine *Geschichte des jüdischen Krieges* gegen Rom und verfasste dann eine umfangreiche Gesamtdarstellung der Geschichte seines Volkes, die *Jüdischen Altertümer*. Dieses Werk erschien 93/94, weniger als ein Jahrzehnt vor dem Konzil der Rabbinen in Jawne; zufällig spielten sich die beiden Ereignisse also fast gleichzeitig ab. Rückblickend wissen wir nun, dass aus jüdischer Sicht die Zukunft nicht Josephus, sondern den Rabbinern gehörte. Seine Werke wurden bei den Juden gar nicht überliefert, und fast 15 Jahrhunderte sollten vergehen, ehe sich wieder ein Jude selber als Historiker bezeichnete.[15] Es scheint, als wäre das Interesse am Aufzeichnen der Geschichte abrupt zum Erliegen gekommen.

Wendet man sich von der Bibel der klassischen rabbinischen Literatur zu, sei es Talmud oder Midrasch, gerät man natürlich, was die Geschichte anbelangt, auf unbekanntes Terrain. Während die Bibel sich aufs Äußerste zurückhält, wenn es um das Dasein Gottes vor der Erschaffung unserer Welt geht, stoßen wir hier auf periodische Schöpfung und Zerstörung von Welten vor unserer eigenen.[16] Uralte nahöstliche mythologische Motive göttlicher Siege über vorzeitliche Ungeheuer, Motive, von denen in der Bibel nur andeutungsweise schwache Spuren erhalten sind, treten hier deutlich in Erscheinung.[17] Gewiss tauchen auch alle historischen Ereignisse und Personen der Bibel in der rabbinischen Aggada auf, ja, die Rabbinen berichten uns mehr über sie, als in der Bibel steht. Mit verblüffend sicherem Gespür erkannten sie Lücken, Probleme und Nuancen in den biblischen Erzählungen und ergänzten sie behutsam und mit erstaunlichem Einfühlungsvermögen. Dichter, Ethnologen und Volkskundler, Theologen und Philosophen sind immer wieder fasziniert vom weiten Horizont der auf der Bibel fußenden Aggada. Auch beim modernen kritischen Studium der Bibel stellt man oft fest, dass ein bestimmter Midrasch ein echtes, vorher unerkanntes philologisches oder inhaltliches Problem im Text der Bibel offenlegt. Mir geht es aber im Moment nicht um Faszination und Bedeutung der rabbinischen Literatur – als Historiker stolpere ich vielmehr über etwas in diesen Texten, und die Gründe dafür sind unschwer zu erkennen. Im Gegensatz zu den Verfassern der Bibel scheinen die Rabbinen mit der Zeit zu spielen, als wäre sie ein Akkordeon, das sich nach Belieben auseinander- und zusammenziehen lässt. Während Genauigkeit in den Orts- und Zeitangaben für die Erzählungen der Bibel kennzeichnend ist, stoßen wir hier ständig auf völlig unbefangene Anachronismen. In der Welt der Aggada kann Adam seinen Sohn Set in der Tora unterweisen, Schem und Eber richten ein Lehrhaus ein, die Patriarchen führen die drei täglichen Gebete der jüdischen Standardliturgie ein, Og, der König von Baschan, ist bei Isaaks Beschneidung anwesend, und Noah prophezeit die Übersetzung der Bibel ins Griechische.

Gewiss hat das weiträumige rabbinische Universum, in dem normale Zeitschranken ignoriert werden und jedes Zeitalter mit jedem anderen in Dialog treten kann, durchaus seine Reize. Andererseits ist bei dieser Metamorphose auch etwas ganz Entscheidendes verlorengegangen: die Geschichte der biblischen Zeit nämlich, die in der Bibel selbst präsent ist. Natürlich haben wir heute dank der modernen kritischen Forschungsmethoden, gestützt auch durch Archäologie und wiederentdeckte alte Sprachen und Literaturen des Nahen Ostens, ein früher nie erreichbares Textverständnis, und die mit diesen Methoden gewonnene Rekonstruktion der biblischen Geschichte weicht gelegentlich scharf ab von den Berichten und Deutungen der Verfasser der Bibel selbst. Doch der Bericht der Bibel ist immerhin historisch genug, um auch dem modernen Wissenschaftler ständig als Ausgangs- und Bezugspunkt dienen zu können. Auf der Grundlage der rabbinischen Quellen hingegen, die die biblische Geschichte ›nacherzählen‹, wäre eine derartige Rekonstruktion unmöglich, selbst wenn man alle Geschichten der Rabbinen parallel zum biblischen Ablauf zu einem fortlaufenden Bericht verknüpfte, wie es etwa Louis Ginzberg in seinem erstaunlichen Werk *Die Legenden der Juden* tat.[18]

Wichtiger und ernüchternder ist jedoch die Tatsache, dass sich aus der immensen talmudischen Literatur keine Geschichte der talmudischen Zeit herausarbeiten lässt. Entscheidende historische Ereignisse sind entweder gar nicht verzeichnet oder nur so legendenhaft bzw. fragmentarisch, dass sich daraus nicht einmal die Grundzüge der Vorgänge wiedergewinnen ließen.[19]

Zwei Fragen ergeben sich aus alledem: Erstens, was hatten sich die Rabbinen eigentlich vorgenommen und was nicht? Zweitens, was haben sie tatsächlich geleistet?

Es wäre unfair und irreführend zugleich, wollte man die in der rabbinischen Aggada umgestalteten biblischen Personen und Ereignisse an einer Historizität messen, die weder ihrem Wesen noch ihrem Zweck entspricht. Die klassische rabbinische Literatur beanspruchte nie Geschichtsschreibung zu sein, nicht im biblischen Sinn und schon gar nicht im modernen. Der Geschichtsschreibung angemessene kritische Maßstäbe helfen uns nicht, diese Literatur zu verstehen. Dort ist z. B. ein Anachronismus im Allgemeinen ein gravierender Mangel; in anderen, nicht historischen Genres kann er durchaus sinnvoll sein. Sich eine rabbinische Aggada zu wünschen, die sich eng an den historischen Bericht der Bibel hält, gleicht dem Wunsch, biblische Gestalten in der Renaissancemalerei ihres florentinischen Gewandes zu entkleiden, oder zu bekritteln, dass Archibald MacLeish seinem Publikum auf der Bühne des 20. Jahrhunderts Hiob als »J. B.« präsentiert. Die Rabbinen wollten gar keine Geschichte der biblischen Zeit schreiben; die lag bereits vor. Sie vertieften sich in die Sinndeutung dieser ihnen überlieferten Geschichte und rangen um eine anschauliche Auslegung für ihre Zeitgenossen und spätere Generationen.[20] Genauso wie sie bei der Erläuterung des biblischen Rechts sagten, das Prinzip der *lex talionis* sei finanzieller Schadensersatz, nicht aber Auge um Auge, was ›historisch‹ richtiger gewesen wäre, begnügten sie sich auch nicht mit der Darstellung rein historischer Patriarchen- und Königsgestalten im Rahmen einer toten Vergangenheit. Das soll nicht etwa heißen, die Rabbinen hätten keinerlei Sinn für historische Zusammenhänge gehabt.

Naiv waren sie bestimmt nicht. Anachronismen erkannten sie als das, was sie waren, auch wenn sie kein Wort dafür hatten;[21] andererseits hielten sie historischen Widersprüchen stand und befreundeten sich irgendwie mit ihnen, Widersprüche, die wir – eben weil sie Anachronismen beinhalten – ganz unerträglich finden. Ich kenne kein eindringlicheres Beispiel für die Verschmelzung beider Tendenzen als die folgende erstaunliche talmudische Aggada:

> »R. Jehuda sagte im Namen Rabhs: Als Moše in die Höhe stieg [um die Tora in Empfang zu nehmen], traf er den Heiligen, gepriesen sei er, dasitzen und Kränze [kronenähnliche Schnörkel] für die Buchstaben winden. Da sprach er zu ihm: Herr der Welt, wer hält dich zurück? [D. h., fehlt in der Tora etwas, sodass derlei Ornamente nötig wären?] Er erwiderte: Es ist ein Mann, der nach vielen Generationen sein wird, namens ʿAqiba b. Joseph; er wird dereinst über jedes Häkchen Haufen über Haufen von Lehren vortragen. Da sprach er vor ihm: Herr der Welt, zeige ihn mir. Er erwiderte: Wende dich um. Da wandte er sich um [in Rabbi ʿAqibas Lehrhaus] und setzte sich hinter die achte Reihe [von ʿAqibas Schülern]; er verstand aber ihre Unterhaltung nicht und war darüber bestürzt. Als jener zu einer Sache gelangte, worüber seine Schüler ihn fragten, woher er dies wisse, erwiderte er ihnen, dies sei eine Moše am Sinaj überlieferte Lehre. Da wurde er beruhigt.«[22]

Es war ein Axiom rabbinischen Glaubens, dass Moses am Sinai das ganze Gesetz geoffenbart worden war, neben dem geschriebenen (*Torah She-Biketab*) auch das ›mündliche‹ (*Torah She-Be'al Peh*).[23] Andererseits hätte Moses den juristischen Diskussionen in einem Studierzimmer des zweiten Jahrhunderts kaum zu folgen vermocht, wäre er dorthin versetzt worden. In der Welt der Aggada aber können diese beiden Vorstellungen in sinnvoller Weise koexistieren, ohne widersprüchlich oder unlogisch zu erscheinen. In ähnlicher Weise können auch Elemente der biblischen Geschichte zu legendarischem Umfang aufgebläht werden, ohne dass dadurch der Eindruck entsteht, man sei der Bibel bzw. der Vergangenheit nicht gerecht geworden. Der historische Bericht bleibt ja in dem unantastbaren Bibeltext intakt, zu dem die aggadaische Fantasie vor jedem neuen Höhenflug zurückkehren muss. Doch jedes Ereignis darf neu erzählt und neu gedeutet werden, manchmal gleich mehrfach. Es liegt dabei natürlich auf der Hand, dass die Ansichten und die Hermeneutik der Rabbinen oft in krassem Gegensatz zu denen des Historikers stehen. Selbst wenn wir keine Historiker sind, muten sie uns fremd an;[24] doch im Rahmen der uns heute ebenfalls fremden Zielsetzungen der Rabbinen waren sie sinnvoll.

Ein ganz anderes Problem wirft die Tatsache auf, dass sich die rabbinische Literatur um nachbiblische Ereignisse fast gar nicht kümmert. Selbst wenn wir die aggadischen Umformungen der biblischen Geschichte als Varianten von Kommentar und Deutung gelten lassen, werden wir doch fragen, weshalb die Rabbinen den Faden nicht dort wiederaufnahmen, wo die biblische Geschichte abbricht.

Tatsache ist, dass die Rabbinen weder die nachbiblische Geschichte aufschrieben noch sich bemühten, ihnen bekannte historische Ereignisse ihrer eigenen oder der unmittelbar vorhergehenden Zeit vor dem Vergessen zu bewahren. Zum Beweis des Gegenteils werden gern zwei Werke bemüht, die uns allerdings nicht lange zu beschäftigen brauchen. *Megillat Ta'anit,* die sogenannte Fastenrolle, ist kein Versuch der Geschichtsschreibung, sondern ein knapp gefasster Kalender von 35 Halbfeiertagen aus der Hasmonäer-Zeit zum Gedenken an diverse historische Ereignisse, die größtenteils mit den Makkabäer-Kriegen in Verbindung stehen.[25] Ein derartiger Kalender diente ausschließlich praktischen rituellen Zwecken: An den darin bezeichneten Tagen durfte man weder zum öffentlichen Fasten aufrufen (daher der seltsame Titel) noch Tote beklagen. Bezeichnenderweise wird zwar jeweils der Tag angegeben, an dem ein Ereignis stattfand, nicht aber das Jahr. Bestenfalls könnte das andere fragliche Werk, der *Seder 'Olam*, die dem palästinischen Rabbiner Jose ben Chalafta aus dem zweiten Jahrhundert zugeschriebene »Weltordnung«,[26] als historische Aufzeichnung rudimentärer Art gelten, doch selbst dann bliebe das Werk die Ausnahme, die die Regel bestätigt. Die ›Weltordnung‹ ist im Kern eine trockene Chronologie von Gestalten und Ereignissen von Adam bis zu Alexander dem Großen, wobei fast ohne Unterbrechung eine endlose Reihe von Namen und Daten aufgezählt wird. Im Übrigen gibt es noch einige Versuche moderner Wissenschaftler, in der talmudischen Zeit historiografische Ansätze aufzuspüren; dabei handelt es sich aber lediglich um irregeleitete Projektionen eigener Interessen auf die wehrlose Vergangenheit.[27]

Heißt das nun, dass die Rabbinen, wie oft behauptet wird, sich nicht mehr für Geschichte interessierten? Keineswegs. Es gab zwar keine Prophetie mehr, doch die Rabbinen hielten sich für die Erben der Propheten, hatten sie sich doch deren Weltanschauung durchaus zu eigen gemacht.[28] Auch ihnen galt die Geschichte als sinnvoll, auch ihr Gott war oberste Instanz historischen Schicksals, auch sie waren von glühender Messiaserwartung durchdrungen. Doch während die Propheten auch Ereignisse der Zeitgeschichte gedeutet hatten, schweigen sich die Rabbinen über zeitgenössische Vorgänge weitgehend aus. Die an Geschichtsdeutungen so reiche Talmud- und Midraschliteratur verzichtet auf die Aufzeichnung des Aktuellen. Das auffällige Interesse an den großen historischen Konstellationen bei gleichzeitiger Gleichgültigkeit gegenüber konkreten Details bedarf einer Erklärung.

Wenn die Rabbinen, weise Männer, zu deren Erbteil eine mächtige historische Tradition gehörte, sich um die säkulare Geschichte nicht mehr kümmerten, so heißt das nur, dass sie es nicht für nötig hielten. Vielleicht wussten sie von der Geschichte schon genug. Vielleicht wollten sie bewusst auf Distanz gehen.

Für die Rabbinen war die Bibel mehr als ein Gefäß, in dem Vergangenes bewahrt war; hier war die Struktur der ganzen Geschichte offenbart, und die Rabbinen hatten ihre heiligen Schriften gut gelernt. Sie wussten, dass die Geschichte ein Ziel hat – die Errichtung des Reiches Gottes auf Erden – und dass dem jüdischen Volk dabei eine Schlüsselrolle zukommt. Sie waren vom ewigen Bestehen des Bundes zwischen Gott und Israel überzeugt, auch wenn die Juden oft rebelliert hatten und dann die Folgen tragen mussten. Vor allem aber hatten sie aus der Bibel gelernt, dass der eigentliche Pulsschlag der Geschichte oft nur unter der Oberfläche zu fühlen ist, dass es eine verborgene Geschichte gibt, deren höhere Realität die Welt – getäuscht durch das laute Auf und Ab der Macht – nicht zu erkennen vermag. Assyrien war, ohne es zu wissen, Instrument des göttlichen Zornes gegen Israel geworden. Nicht die babylonische Macht hatte Jerusalem zu Fall gebracht, die Stadt war Nebukadnezar zugefallen, weil sie gesündigt hatte und weil Gott ihren Fall zugelassen hatte. Während sich die traditionellen historischen Überlieferungen der Völker im Triumphalismus äußerten, achteten die Rabbinen auf den stummen Vorwurf in Gestalt des leidenden Knechtes in Jesaja 53.

Wenn die Rabbinen kaum historische Aufzeichnungen machten, so könnte dies eben damit zusammenhängen, dass sie sich so rückhaltlos in die Deutung der biblischen Geschichte vertieften. Konnte man nicht anhand des Berichts der Bibel jeden weiteren historischen Vorgang begreifen? Es bedurfte keiner grundlegend neuen Geschichtsvorstellung, um sich Rom anzupassen oder jedem anderen Weltreich, das später entstehen sollte. Grund für die Katastrophe des Jahres 70 n. u. Z. war wie für die des Jahres 586 v. u. Z. die Sünde, wobei den Rabbinen natürlich bewusst war, dass es sich inzwischen nicht mehr um die Sünde der Götzenverehrung handelte.[29] Der Triumph Roms würde nicht ewig dauern; ebenso wenig wie der anderer Reiche:

»Rabbi Nachman begann seine Erörterung mit dem Spruch: *Du aber fürchte nicht, mein Knecht Jaakob* (Jer. 30,10). Die Rede ist von Jaakob selber, von dem geschrieben steht: *Da träumte er und siehe, eine Leiter war gestellt auf die Erde … und siehe, Engel Gottes stiegen auf und ab an ihr* (Gen. 28,12). Diese Engel, erklärte Rabbi Samuel bar Nachman, waren die Herrscher der Völker der Welt. Denn Rabbi Samuel bar Nachman sagte: Dieser Vers lehrt uns, dass der Heilige, gepriesen sei Er, unserem Vater Jaakob zeigte, dass der Herrscher Babylons siebzig Leitersprossen emporstieg, der Herrscher Mediens 52, der Herrscher Griechenlands 182 und der Herrscher Edoms [d. h. Roms] so weit, dass Jaakob die Sprossen nicht zählen konnte. Daraufhin fürchtete sich unser Vater Jaakob. Er dachte: Ist es möglich, dass dieser nie heruntergestürzt wird? Da sagte der Heilige, gepriesen sei Er, zu ihm: ›*Fürchte nicht, mein Knecht Jaakob.* Selbst wenn er hinaufstiege und sich neben mich setzte, will ich ihn von dort herunterstürzen.‹ Daher steht geschrieben: *Ob du hoch steigest, dem Adler gleich, und ob zwischen Sterne gesetzt ist dein Nest, von da stürze ich dich herab, ist der Spruch des Ewigen* (Obad. 1,4).«[30]

Zerstörung und Erlösung standen in dialektischer Beziehung. Es heißt: »Am Tage, da der Tempel zerstört ward, ward der Messias geboren.« Wer aber wissen will, wo der Messias ist, erhält *eine* Antwort in folgendem Traktat:

»R. Jehošuȧ b. Levi traf einst Elijahu am Eingange der Höhle des R. Šimȯn b. Joḥaj stehen; da sprach er zu ihm: […] Wann wird der Messias kommen? Dieser erwiderte: Geh, frage ihn selbst. – Wo befindet er sich? – Am Tore von Rom. – Woran erkennt man ihn? – Er sitzt zwischen den mit Krankheiten behafteten Armen; alle übrigen binden (ihre Wunden) mit einem Male auf und verbinden sie wieder, er aber bindet sie einzeln auf und verbindet sie, denn er denkt: vielleicht werde ich verlangt, so soll keine Verzögerung entstehen.

Hierauf ging er zu ihm hin und sprach zu ihm: Friede mit dir, Herr und Meister! Dieser erwiderte: Friede mit dir, Sohn Levis! Er fragte: Wann kommt der Meister? Dieser erwiderte: Heute. Darauf kehrte er zu Elijahu zurück, der ihn fragte: Was sagte er dir? [...] Jener entgegnete: Er hat mich belogen, denn er sagte mir, er werde heute kommen, und er kam nicht. Dieser erwiderte: Er hat es wie folgt gemeint: *wenn ihr heute auf seine Stimme hören werdet* (Ps. 95,7).«[31]

Angesichts dieser eindrucksvollen Bilder, in denen die Weltreiche eine Jakobsleiter bilden und der Messias unbemerkt vor den Toren Roms sitzt, um die Stadt früher oder später zu stürzen, können die Angelegenheiten Roms durchaus belanglos, kann gewöhnliches historisches Wissen überflüssig wirken. Ob nun die Ankunft des Messias von der Reue der Juden und ihrem Gehorsam gegenüber Gott abhängt, was Rabbi Jehoschua meinte, oder unabhängig davon nach dem unerforschlichen Willen Gottes stattfindet – es bleibt die Frage, was man bis dahin tun soll. Die einmütige Antwort der Rabbinen lautete, in dem Zeitraum zwischen Zerstörung und Erlösung sei es die wichtigste Aufgabe der Juden, dem biblischen Aufruf, ein heiliges Volk zu werden, endlich voll und ganz gerecht zu werden. Für die Rabbinen hieß das, das geschriebene und das mündlich überlieferte Gesetz zu studieren und zu erfüllen, eine ganz auf dessen Vorschriften und Idealen beruhende jüdische Gesellschaft zu errichten und – was die Zukunft betraf – Vertrauen, Geduld und Gebet.

Gemessen an diesem festen Fundament musste die zeitgenössische Geschichte wie ein Reich wandernder Dünen erscheinen. Die biblische Vergangenheit war bekannt, die messianische Zukunft stand außer Zweifel; die Zeit dazwischen lag im Dunkeln. Damals wie heute legitimierte die Geschichte sich nicht sofort, zeigte sich ihr Sinn nicht unmittelbar. In der biblischen Zeit war der Sinn bestimmter historischer Ereignisse durch das innere Auge der Prophezeiung dargelegt worden, was nun nicht mehr möglich war. Die Rabbinen waren zwar die Erben der Propheten, doch sie behaupteten nicht, über prophetische Gaben zu verfügen. Das Kommen und Gehen römischer Prokuratoren, die dynastischen Sorgen der römischen Kaiser, die Kriege und Eroberungen der Parther und der Sassaniden – nichts davon bot neue oder nützliche Einsichten über das bereits Bekannte hinaus. Selbst die Verwicklungen der hasmonäischen Dynastie oder die Intrigen der Herodier – immerhin jüdische Geschichte – enthüllten nichts Wichtiges und blieben weitgehend unbeachtet.[32]

Das aktuelle Zeitgeschehen fand nur dann noch wirkliche Beachtung, wenn es von messianischem Aktionismus geprägt war. Dann konnte es auch zu Handlungen kommen, die die Aufmerksamkeit auf die gegenwärtig historische Ebene richteten; doch bittere Erfahrungen ließen die Versuche, »das Ende zu beschleunigen«, in Misskredit geraten. Drei gewaltige Erhebungen gegen Rom – jeweils mit eschatologischen Obertönen – hatten ein katastrophales und desillusionierendes Ende genommen. Im zweiten Jahrhundert konnte kein geringerer als Rabbi Akiba den militärischen Anführer der Revolte des Jahres 132, Bar Kochba, noch als den Messias feiern. Danach wurde die schon früher spürbare Tendenz, den Messianismus in allen seinen Spielarten zu bekämpfen, für Jahrhunderte zum festen Bestandteil verantwortlicher rabbinischer Führung.[33] Die Messiaserwartung des rabbinischen Judentums an sich blieb unerschütterlich; doch wann Er kommen würde, wusste nur der Himmel. Rabbi Samuel bar Nachman erklärte: »Es schwinde der Geist derjenigen, die das Ende berechnen wollen; diese sagen nämlich, sobald das (von ihnen berechnete) Ende herangereicht, und er nicht gekommen ist, so komme er nicht mehr; vielmehr harre man seiner, denn es heißt: *wenn sie sich verzögert, so harre ihrer.*«[34] Die Suche nach Anzeichen für das herannahende Zeitenende im äußeren Ablauf der Geschichte wurde im Wesentlichen zur Domäne apokalyptischer Seher, wie sie im Lauf der Jahrhunderte immer wieder auftraten.

Was die Weisen selbst angeht, so retteten sie, was ihnen wichtig erschien, im Grunde also, was für Religion und Gesellschaft (und daher auch für ›den Staat‹) im Leben des jüdischen Volkes jeweils relevant war. Die politische Geschichte der Hasmonäer schien ihnen nicht wert bewahrt zu werden, doch den Konflikt zwischen den Pharisäern und Alexander Jannäus hielten sie fest.[35] Sie verzichteten auf die Aufzeichnung einer fortlaufenden Geschichte des Zweiten Tempels und seiner Zerstörung, doch die Einzelheiten des Tempeldienstes schrieben sie – überzeugt davon, dass der Tempel schließlich neu errichtet werden würde – sorgsam nieder.[36] Sie zeigten wenig Interesse an der Geschichte Roms, doch die Verfolgung unter Kaiser Hadrian und das Martyrium der Schriftgelehrten vergaßen sie nicht.[37] Zugegebenermaßen waren ihnen auch die Schlachten der Makkabäer weniger wichtig als ein Ölkrug, der acht Tage lang brannte. Es verdient übrigens besondere Beachtung, dass sie gerade dieses Wunder gelten ließen; wir müssen uns klarmachen, dass Chanukka der einzige nachbiblische jüdische Feiertag ist, dass also das Chanukka -Wunder sich nicht auf die Autorität der Bibel stützt. Dass ein solches Wunder akzeptiert wurde bedeutete eine Bekräftigung des Glaubens an das Eingreifen Gottes in die Geschichte. Bemerkenswert ist die Kühnheit, mit der die Rabbinen den Chanukkasegen formulierten: »Gepriesen seist du, o Herr, unser Gott ... *der du uns befohlen hast*, das Chanukkalicht zu entzünden.«[38]

Ich kann mir natürlich vorstellen, dass heute so manchem die Makkabäer wichtiger sind als das Wunder – das ist aber bestimmt ein modernes Problem. Die Rabbinen waren ganz offensichtlich der Meinung, Geschichte hätten sie schon genug, und weder unser Beifall noch unser Bedauern wird daran etwas ändern. Wer ständig fragt, warum die Rabbinen keine nachbiblische Geschichte schrieben oder weshalb es bei den Juden des Mittelalters so wenig Geschichtsschreibung gab, wie wir noch sehen werden, gleicht jenen unter den wohlwollenden Auspizien Britisch-Indiens verwestlichten ›gebildeten‹ Indern, denen es peinlich ist und bleibt, dass es in ihrer Kultur keine Geschichtsschreibung gibt.

Wir brauchen uns meines Erachtens keine solchen Gedanken zu machen und können gelassen einräumen, dass im rabbinischen Judentum, das das Leben der Juden auf der ganzen Welt zu prägen bestimmt war, die Geschichtsschreibung auf lange Zeit zum Stillstand kam, ohne dass der Glaube an den Sinn der Geschichte gelitten hätte. Wir können aus freimütig zugeben, dass das rabbinische Erbe (wie sogar schon das biblische) in späteren Generationen Denkweisen Vorschub leistete, die aus moderner Sicht, wenn nicht antihistorisch, so doch zumindest ahistorisch wirken. Trotzdem wurde bei den Juden eine lebendige Vergangenheit von Generation zu Generation weitergegeben; weder brach die Verbindung zur Geschichte ab noch wurde die fundamental historische Orientierung aufgegeben. Wenn es schwerfällt, diesen scheinbaren Widerspruch zu begreifen, so liegt dies an der Armut der Sprache, die uns *faute de mieux* zwingt, den Begriff Geschichte sowohl auf *unser* Geschichtsverständnis als auch auf das der jüdischen Tradition anzuwenden.

Manche Unterschiede sind schon ins Licht gerückt, andere dürften im Weiteren deutlicher werden. Was wir bisher erörtert haben, diente der Vorbereitung, und so gerüstet können wir uns dem eigentlichen Thema zuwenden. Im nächsten Kapitel geht es um konkrete Beispiele dafür, wie das jüdische Gedächtnis im Mittelalter funktionierte. Danach wird die kurze, aber bedeutsame Renaissance der jüdischen Historiografie im 16. Jahrhundert untersucht. Und zuletzt ergründen wir mit unserem gesamten bis dahin erworbenen Rüstzeug ein Phänomen, welches uns bis heute auf Schritt und Tritt begegnet – die beispiellose Explosion jüdischer Geschichtsschreibung in der Moderne.

Das Mittelalter

Mittel und Wege jüdischer Erinnerung

»Ein Gleichnis. Dies ist mit einem Menschen zu vergleichen, der auf dem Weg gehend auf einen Wolf stieß und gerettet wurde, der fortwährend das Ereignis mit dem Wolf erzählte. Als er hierauf auf einen Löwen stieß und gerettet wurde, erzählte er immerfort das Ereignis mit dem Löwen. Als er aber später auf eine Schlange stieß und abermals gerettet wurde, vergaß er das Ereignis mit jenen beiden und erzählte fortan das Ereignis mit der Schlange. So auch bei Jisraél; die späteren Leiden machen die ersteren vergessen.«

Babylonischer Talmud Berakhot, 13a

»Der Abraham am Berge Morija erhört hat
Erhöre euch und höre am heutigen Tage auf euren Klageschrei ...
Der unsere Vorfahren am Schilfmeere erhört hat,
Erhöre euch ...
Der Jehoschua in Gilgal erhört hat,
Erhöre euch ...
Der Samuel in Mizpa erhört hat,
Erhöre euch ...
Der Elijahu am Berge Karmel erhört hat,
Erhöre euch ...
Der Jona vom Leibe des Fisches aus gehört hat,
Erhöre euch ...
Der David und seinen Sohn Salomo in Jerusalem erhört hat,
Erhöre euch ...«

Aus einer Fastentagsliturgie
(nach Mischna Taanith 2,4)

In nahezu allen Genres der jüdischen Literatur des Mittelalters finden sich neben einer Fülle von Überlegungen über die Stellung des jüdischen Volkes in der Geschichte Gedanken zur jüdischen Geschichte überhaupt und tiefschürfende, manchmal gewagte Reflexionen über Exil und Erlösung – doch ein vergleichsweise geringes Interesse am Aufzeichnen der aktuellen historischen Erfahrung der Juden. Während vom Sinn der Geschichte viel die Rede ist, gibt es wenig Historiografie. Auf explizite oder versteckte Geschichtsdeutung stößt man in Werken der Philosophie, der Homiletik, der Bibelexegese, des Rechts und der Mystik, wobei im Allgemeinen kein einziges historisches Ereignis, nicht eine historische Gestalt konkret genannt und in die Argumentation einbezogen wird. Angesichts des bisher Gesagten sollte dieser Befund allerdings nicht sonderlich überraschen.

Selbstverständlich verfassten Juden im Mittelalter historische Schriften; insgesamt aber so wenige, dass von einer Historiografie, wie sie sich bei den anderen Völkern findet, in deren Mitte die Juden damals lebten und wirkten, nicht die Rede sein kann. Die in der talmudischen Zeit abgebrochene Tradition der Geschichtsschreibung als kontinuierliches Genre mit verbindlichen Konventionen lebte nicht wieder auf. Historische Werke erblickten nur sporadisch das Licht der Öffentlichkeit, lagen auch räumlich meist weit auseinander, und die Perioden des Schweigens waren lang.[39]

Nur in einem genau umrissenen Bereich kann man von einem Genre mit eigener Tradition sprechen, nämlich bei der Literatur der sogenannten Traditionskette des Mündlichen Rechts (*Schalschelet Ha-Qabbalah*). Diese Werke boten eine chronologische Übersicht über die Überlieferung von Lehre und Recht der Rabbinen in Form von Verzeichnissen der Meister, die im Laufe der Jahrhunderte Träger der Überlieferung gewesen waren. Damit sollte demonstriert werden, dass Lehre und Autorität von der Zeit der Bibel über die talmudische Epoche hinaus und oft bis in die Zeit des Autors selbst ohne Unterbrechung weitergegeben worden waren.[40] Nur diese Art der Geschichtsschreibung wurde im Judentum des Mittelalters heimisch und galt als legitim, und nur in diesem Genre lässt sich – von der anonymen »Ordnung der Weisen der Mischna und Amora« (*Seder Tannaim we-'Amoraim*) im 9. Jahrhundert bis zu Jehiel Heilprins »Ordnung der Generationen« [*Seder HaDorot*] im 18. – eine gewisse Kontinuität in der Zielsetzung feststellen. Es gibt eine große Zahl solcher Texte, sie sind variantenreich und als historisches Quellenmaterial heute durchaus wichtig. Entstanden sind sie aber nicht aus dem Wunsch, die Geschichte des jüdischen Volkes aufzuzeichnen bzw. zu deuten, sondern erstens aus dem Bedürfnis, die Häretiker in den eigenen Reihen und die fremden Widersacher, die die Gültigkeit des Mündlichen Rechts infrage stellten, zu widerlegen; zweitens aus der praktischen Notwendigkeit, Streitfragen der Jurisprudenz unter Berufung auf die Autoritäten verschiedener Epochen zu entscheiden, und drittens vielleicht auch aus einer ganz natürlichen Neugier über die Entwicklung der rabbinischen Gelehrsamkeit. Biografische Einzelheiten über die in der Traditionskette verzeichneten Rabbiner sind bestenfalls dürftig, und historische Ereignisse tauchen – wenn überhaupt – recht unvermittelt auf.

Meines Erachtens wussten die Juden im Mittelalter oft mehr über die Geschichte, als sie aufzeichneten und zu erkennen gaben – eine Auffassung, für die einige Anzeichen sprechen. So verfasste zum Beispiel im 10. Jahrhundert der Leiter der Gelehrtenschule im babylonischen Pumpeditha seinen »Scherira-Brief« (*Iggeret Rab Scherira Gaon*) nicht aus einem inneren Bedürfnis heraus, sondern als Antwort auf eine Anfrage, die ihn aus Kairouan in Nordafrika erreicht hatte. Hätten die Männer von Kairouan nicht um Auskunft gebeten, wie die Sammlung talmudischer Literatur entstanden sei, so gäbe es Scheriras Antwort nicht, die eine Geschichte der geonischen Epoche enthält – und dafür unsere Hauptquelle überhaupt darstellt.[41] Ähnlich findet sich in Maimonides' »Sendschreiben an die Juden in Jemen« (*'Iggeret Teman*) eine kurze Darstellung von vier messianischen Bewegungen bei den Juden.[42] Wäre nicht damals im Jemen ein Messias aufgestanden und hätten nicht in der dadurch ausgelösten Krise die jemenitischen Juden Maimonides um Rat gebeten, wir wüssten nicht einmal, dass er über dieses historische Wissen verfügte.

Das Desinteresse der Juden des Mittelalters an historischen Aufzeichnungen lässt sich zum Teil gewiss als Wirkung des talmudischen Judentums verstehen, welcher für das Leben und Schaffen der Juden im Mittelalter überhaupt bestimmend war. Der Einfluss der ahistorischen Denkweise der Rabbinen, die selber keine historischen Schriften verfassten, ist zwar unbestreitbar, kann aber den gleichen Verzicht bei späteren Generationen nicht ganz erklären. Die Juden brillierten im Mittelalter auf mehreren vorher brachliegenden Gebieten. Angeregt durch die enge Beziehung zur arabischen Kultur betraten sie neue Wege in der Philosophie, der Naturwissenschaft, der Sprachforschung und in der profanen metrischen Lyrik – alles ohne Beispiel in der talmudischen Zeit. Nur in der Historiografie, einem Gebiet, auf dem die islamische Kultur Erstaunliches leistete und eine bedeutende Tradition schuf, kam es nicht zur wechselseitigen Anregung. Im 12. Jahrhundert ließ Maimonides, auf den die Philosophie der Muslime größten Eindruck machte, an der islamischen Geschichtsschreibung kein gutes Haar; bekanntlich bezeichnete er die Lektüre profaner Geschichtswerke als »Zeitverschwendung«.[43]

Doch wenigstens eine Stimme erhob sich, um das Fehlen jüdischer Geschichtsschreibung zu rügen. Rund eine Generation vor Maimonides bezichtigte der spanisch-hebräische Dichter Moses Ibn Esra frühere Generationen der »Trägheit«, ja sogar der »Sünde«, weil sie sich weder der hebräischen Sprache noch der Geschichtsschreibung angenommen hätten:

> »... und sie schafften es nicht, ihre Sprache zu glätten, ihre Chroniken zu schreiben und ihrer Geschichte und Traditionen zu gedenken. Es hätte ihnen wohl angestanden, dergleichen nicht außer Acht zu lassen und gering zu schätzen. Seht, ... alle anderen Völker haben sich befleißigt, ihre Geschichte möglichst trefflich niederzuschreiben ...«[44]

Doch während die Vernachlässigung der hebräischen Sprache durch die sprachlichen und dichterischen Errungenschaften der spanisch-jüdischen Blütezeit mehr als wettgemacht wurde, änderte sich in Bezug auf die Geschichtsschreibung so gut wie gar nichts. Soweit ich sehe, war Ibn Esra der Einzige, der in dieser Hinsicht etwas bemängelte. Erst Anfang des 16. Jahrhunderts wurde das Thema wieder aufgegriffen, als Salomo Ibn Verga, der im christlichen Spanien aufgewachsen war, am Schluss des dritten Kapitels von *Schewet Jehuda* folgendes schrieb:

> »In den Chroniken der Könige von Persien, die dem König von Spanien gebracht wurden, findet es sich so nach dem Gebrauch der Christen, denn diese suchen zu wissen, was in der alten Zeit geschehen, um daraus Rat zu schöpfen, weil sie ausgezeichnete und klardenkende Männer waren.«[45]

Ibn Verga sieht in der Lektüre historischer Chroniken bezeichnenderweise eine christliche Gewohnheit; man spürt hier einen gewissen Neid, vielleicht auch eine unausgesprochene Kritik an den Juden. Ich möchte jedoch betonen, dass ich Ibn Esra und Ibn Verga nur zitiert habe, um eine Tatsache zu belegen, nicht etwa, weil ich ihrer Meinung wäre. Mir liegt es fern, den Juden daraus einen Vorwurf zu machen, dass sie relativ wenig Geschichtsschreibung trieben. Diese Tatsache muss ja keineswegs eine Lücke oder einen Mangel in ihrer Kultur bedeuten; es könnte auch heißen, dass es damals noch eine inzwischen verlorene Selbstgenügsamkeit gab.

Dennoch entstanden neben den Werken, die sich unmittelbar mit der Kette der Überlieferung befassten, eine Reihe von historischen Schriften,[46] die alle ein auffälliges Merkmal gemeinsam haben: Soweit es um historische Ereignisse geht, handelt es sich entweder um die ferne Vergangenheit, bis in die Zeit der Zerstörung des Zweiten Tempels, oder um die Schilderung von Ereignissen der jüngsten Vergangenheit, sei es die letzte Verfolgung oder die jüngste Errettung. Die vielen Jahrhunderte dazwischen interessieren kaum oder gar nicht.

Deshalb sollten wir zwischen verschiedenen ›Vergangenheiten‹ unterscheiden und nicht irrtümlich annehmen, die Juden des Mittelalters hätten die ganze Vergangenheit als für die Gegenwart belanglos angesehen. Bedeutsam war – abgesehen von unmittelbarer persönlicher Erfahrung – eindeutig die ferne Vergangenheit. Was vor langer Zeit geschehen war bestimmte, was sich seither ereignet hatte, und lieferte auch die entscheidende Erklärung für das gegenwärtige Geschehen.

Wenn wir uns dies vor Augen halten, verstehen wir vielleicht besser, weshalb die Juden des Mittelalters ein bestimmtes Buch – die hebräische Geschichte der Epoche des Zweiten Tempels, das anonyme *Josippon*[47] – für die mit Abstand wichtigste nachbiblische Chronik hielten, beinhaltete es doch als einziges Buch neben der Bibel eine detaillierte Darstellung der schicksalsträchtigen Ereignisse der Frühzeit, deren Auswirkungen nach Meinung der Juden alle späteren Generationen erfuhren. Im 13. Jahrhundert schrieb Judah Mosconi bei der Aufzählung der vielen positiven Aspekte des Buches: »Denn darin können wir die Taten unserer Vorfahren lesen, wegen deren Sünden die Stadt [Jerusalem] zerstört wurde, ... *und sie aßen die saueren Trauben, aber uns sind die Zähne stumpf geworden.*«[48] Und als Tam Ibn Jahja, der zur Generation der aus Spanien und Portugal Vertriebenen gehörte, 1510 in Konstantinopel eine Neuausgabe des *Josippon* besorgte, schrieb er in der Einleitung:

»Und so wurde ich, der mitten in der Verbannung im Blut der Umwälzungen watet, die über mein Volk gekommen sind, aufgerüttelt und half, dieses Buch drucken zu lassen, denn es ist dasjenige, welches die Quelle des Unglücks des Hauses Juda offengelegt hat.«[49]

Außerdem kam der Wirkung des Buches zugute, dass es allgemein als ein nach dem Untergang des Zweiten Tempels von Josephus Flavius persönlich verfasstes Werk galt. Jeder meinte, einen Bericht vor sich zu haben, den Josephus zum internen Gebrauch der Juden auf Hebräisch geschrieben hatte. Damit erstrahlte das *Josippon* im Glanz einer Authentizität, wie sie keinem anderen historischen Werk des Mittelalters zuteilwerden konnte; auch diesem wäre sie sicherlich versagt geblieben, hätte man schon damals vermutet, es stamme nicht aus dem ersten Jahrhundert, sondern es sei das Werk eines Juden aus dem 10., der wahrscheinlich in Süditalien gelebt hatte.[50] Folgende Äußerung Tam Ibn Jahjas zeigt beispielhaft die Einstellung zum *Josippon* einerseits und zur Geschichtsschreibung andererseits:

»Es ist zwar für historische Werke charakteristisch, dass Ereignisse übertrieben und aufgebauscht oder gar frei erfunden werden, doch dieses Buch [*Josippon*] ist – obwohl es zum gleichen Genre gehört – völlig anders, und der Unterschied ist der zwischen Wahrheit und Lüge. Denn jedes Wort in diesem Buch ist recht und wahr, und es ist kein Falsch darin. Und das erkennt man daran, dass es von allen nach den Heiligen Schriften verfassten Büchern [chronologisch] den Prophezeiungen am nächsten steht, da es vor der Mischna und dem Talmud geschrieben wurde.«[51]

Es geht hier nicht einfach um Ansehen aufgrund des hohen Alters. Die Grundeinstellung, die diesen Passus prägt, äußert sich auch sonst auf mancherlei andere Weise. Ganz allgemein weisen mittelalterliche jüdische Chroniken eine Tendenz auf, neue Ereignisse in eine alte, längst etablierte Begriffs- und Vorstellungswelt einzuordnen. Leid und Verfolgung sind schließlich Folge des Exils, dieses wiederum die bittere Frucht der alten Sünden. Es ist wichtig zu begreifen, dass es das Bedürfnis, vergänglichem Geschehen etwas Neues abzugewinnen, damals gar nicht gab. Ganz im Gegenteil, sogar bei bedeutenden Ereignissen zeigt sich eine klare Tendenz, sie unter vertraute Archetypen zu subsumieren; selbst das schrecklichste Schicksal ist ja nicht ganz so schrecklich, wenn man nicht das verwirrende Besondere darin sieht, sondern eine vertraute Struktur wiedererkennt. So wird der jüngste Unterdrücker zu Haman, und der Hofjude, der der Katastrophe zu entgehen sucht, wird Mordechai. Die Christenheit ist »Edom« oder »Esau« und der Islam »Ismael«. Behände greift man sich einen geografischen Namen aus der Bibel, bezeichnet damit eine Gegend, die dort gar nicht vorkommt, und schon ist Spanien »Sefarad«, Frankreich »Zarefat« und Deutschland »Aschkenas«.[52] Die wesentlichen Linien im Verhältnis von Juden und Heiden waren in der rabbinischen Aggada längst gezogen, und für die Geschichte zeitgenössischer nichtjüdischer Völker interessierte man sich wenig oder gar nicht.

In Zeiten akuter Messiaserwartung mochte das Interesse an allem, was sich in der Welt gerade abspielte, plötzlich drastisch zunehmen, doch selbst dann standen die begrifflichen Schubladen sozusagen schon bereit. Die ehrwürdige Tradition, ursprünglich im Buch Daniel präsentiert und in der Midraschliteratur voll entfaltet, der zufolge der messianischen Zeit vier Weltreiche vorangehen würden, spielte immer dann eine besondere Rolle, wenn apokalyptisches Denken bei den Juden in den Vordergrund trat. Und jedes Mal erwies sich diese Vorstellung als flexibel genug, das jeweils neueste Weltreich in der vierten Schublade unterzubringen, sei es, dass man eines der bisherigen aus der Sequenz hinauswarf, sei es, dass man zwei frühere homologisierte und als eines betrachtete. Ähnlich ist auch die verwandte und ebenfalls sehr starke Tradition zu sehen, wonach vor der Ankunft des Messias der letzte Kampf zwischen Gog und Magog stattfinden müsse, weltlichen, durch diese Namen symbolisierten Mächten. An Kandidaten für die rätselhaften Rollen war kein Mangel. Immer wieder verfolgten die Juden die Auseinandersetzungen zwischen Großmächten mit angehaltenem Atem, überzeugt davon, die ›Kriege von Gog und Magog‹ hätten nun begonnen. Die Kriege zwischen Persien und Byzanz im 6. und 7. Jahrhundert, die arabischen Eroberungen, die diese Reiche das Fürchten lehrten, die Mongoleneinfälle im 13. und die explosionsartige Expansion des Osmanischen Reiches im 15. Jahrhundert – alles leistete dieser Denkweise Vorschub.[53] Nebenbei sei bemerkt, dass noch im 19. Jahrhundert die Napoleonischen Kriege in manchen osteuropäischen chassidischen Kreisen als Kriege von Gog und Magog aufgefasst wurden. Bei den Juden war es oft so, dass sich das Weltgeschehen in der apokalyptischen Literatur am unmittelbarsten spiegelte, und manchmal kann man aus einschlägigen Texten sogar bestimmte Details bis in alle Einzelheiten hinein rekonstruieren. Dabei handelt es sich jedoch nicht um Geschichtsschreibung, sondern um eine verzweifelte Suche nach prophetischen Hinweisen und Zeichen für das Ende aller Geschichte, eine Suche, der bei wechselnden Akteuren doch immer die gleiche Struktur zugrunde liegt.

Nur in zwei Fällen spürt man in jüdischen historischen Schriften im Mittelalter das volle Bewusstsein, dass etwas durchaus Neues geschehen ist und die Ereignisse an sich von besonderer Bedeutung sind. In den vier hebräischen Kreuzzugschroniken aus dem 12. Jahrhundert ist einerseits das Gefühl greifbar, dass sich im Verhältnis von Judentum und Christenheit eine schreckliche Wandlung vollzogen hat, die zur Vernichtung ganzer jüdischer Gemeinden geführt hatte, und darüber hinaus der Ausdruck von Staunen und Entsetzen angesichts dieses ersten Beispiels kollektiven jüdischen Martyriums auf europäischem Boden.[54] Auch Abraham Ibn

Dauds »Buch der Überlieferung« (*Sefer Ha-Qabbalah*), das Geschichtswerk eines spanischen Philosophen, welches ungeachtet seines Titels weit mehr bietet als das übliche Kompendium der rabbinischen Autoritätenkette, ist vom klaren Bewusstsein geprägt, dass die geistig-kulturellen Zentren des Judentums sich verlagert haben, erst von Babylonien nach Ägypten, Nordafrika und der Iberischen Halbinsel und in der eigenen Zeit des Verfassers vom islamischen in den christlichen Teil Spaniens.[55]

Doch Ibn Daud und die Chronisten der Kreuzzüge sind die Ausnahme, nicht die Regel, und auch bei ihnen zeigt sich letzten Endes deutlich die Tendenz, neuen Wein in alte Schläuche zu gießen. Angesichts des Unfasslichen – grauenhafte Szenen des Massenselbstmords von Juden im Rheinland, wo unter Einwilligung aller Beteiligten die Männer lieber ihre Frauen und Kinder und dann sich selber mit dem Schlachtermesser töteten, als sich taufen zu lassen – greifen die Kreuzzugschroniken wiederholt nach dem Bild von Abraham auf dem Berg Moria, wenn er bereit ist, Isaak zu schlachten. *Akeda*, das ›Binden Isaaks‹, wird Paradigma und Leitmotiv für diese ganze Literatur und erfüllt für die Generation der Überlebenden eine wichtige Funktion. Dabei sind sich die Chronisten des objektiven Unterschieds natürlich bewusst. Hören wir als Beispiel den Aufschrei Salomo ben Simsons, wenn er vom Schicksal der Juden in Mainz berichtet:

> »Denn wer hätte solches je vernommen und dergleichen je gesehen! Fraget doch nach und sehet zu, ob von der Zeit des ersten Menschen an eine so vielfache Opferung [*Akeda*] je gewesen ist, dass 1100 Opferungen [*Akedot*] an einem Tage stattfanden, eine jede gleich der Opferung des Isaak, des Sohnes Abrahams. Wegen jener einen Opferung auf dem Berge Moria erbebte die Welt, wie es heißt: ›Die Himmelsscharen schrien weithin, und der Himmel verdunkelte sich.‹ Warum verfinsterte sich nicht auch jetzt der

> Himmel, warum haben die Sterne ihren Lichtglanz nicht verloren, ... als an einem Tage ... 1100 heilige Personen ermordet und hingeschlachtet wurden, darunter so viele Kinder und Säuglinge ...! Wirst Du bei diesen schweigen, oh Herr!«[56]

Doch während Mainz vor dem Hintergrund des Berges Moria gesehen und der Unterschied deutlich ins Licht gerückt wird, eröffnet auf einer tieferen Ebene erst die Evokation des Bindens Isaaks die Möglichkeit, die Vorgänge zu verstehen. Mit der gängigen Vorstellung von der Bestrafung der Sünden ließ sich die Katastrophe einfach nicht begreifen, denn die Aschkenasim im Rheinland bildeten heilige Gemeinden, wie ihr Verhalten ja bewiesen hatte. Genau da ließ sich aber die Brücke zu Abraham schlagen. Die Märtyrer der Kreuzzugszeit hatten mit dem Ahnherrn des jüdischen Volkes gemein, dass beider Glaube auf die äußerste Probe gestellt wurde, und zwar nicht etwa, weil sie unwürdig gewesen wären, sondern ganz im Gegenteil gerade weil sie vollkommen waren. Sie blieb zwar das Grauen in lebendiger Erinnerung, doch es war in dieser Deutung nicht mehr absurd, und der tiefe Schmerz erfuhr wenigstens eine gewisse Linderung.

Zu Ibn Dauds *Sefer Ha-Qabbalah* hat Gerson Cohen in der feinsinnigen Untersuchung, die seine kritische Ausgabe des Textes begleitet, überzeugend dargelegt, dass die esoterische Absicht in einer messianischen Geschichtsdeutung lag, an deren Höhepunkt Spanien die entscheidende Rolle zufallen sollte. Cohen hat auch nachgewiesen, dass Ibn Daud der Geschichte weitgehend dadurch Sinn abgewann, dass er sich einer in der klassischen rabbinischen Literatur vorgeprägten schematischen Sichtweise verschrieb. Besessen von der Vorstellung der ›Symmetrie in der Geschichte‹, insbesondere im Bereich der Chronologie, suchte und fand Ibn Daud in der Vergangenheit Strukturen, die er dann auch auf die Zukunft anwendete; dabei zögerte er nicht, auch Angaben der Bibel und des Talmud seinen Strukturbedürfnissen anzupassen. Eine solche chronologische Gleichung – es gibt bei ihm auch noch viel kompliziertere – basiert auf der Zahl sieben und rankt sich um den Ersten und Zweiten Tempel. Beide standen laut Ibn Daud genau 427 Jahre; der erste wurde in sieben Jahren errichtet und nach siebenjähriger Belagerung zerstört, und der zweite ging nach sieben Jahren römischer Unterdrückung und Rebellion dagegen unter. Der Zerstörungsprozess bis zum eigentlichen Ende des Ersten Tempels dauerte einundzwanzig Jahre, eine Zeitspanne, die genau der Bauzeit des Zweiten Tempels entspricht. Folgende treffende Bemerkung von Cohen zu solcher Geschichtsalgebra (die sich keineswegs nur bei Ibn Daud findet) gilt voll und ganz auch für andere Aspekte des historischen Denkens der Juden im Mittelalter: »Schematologie«, schreibt er, »verrät immer ein höchst oberflächliches Interesse an den Geschehnissen selbst in Verbindung mit einem tiefen Bedürfnis, ihren Sinn und Ort im Gesamtplan der Geschichte herauszufinden.«[57]

Die Existenz der historischen Werke des Mittelalters, auf die ich bisher eingegangen bin, lässt sich nicht leugnen, doch wir müssen uns klarmachen, dass sie insgesamt eine untergeordnete, ja periphere Rolle spielen. Das jüdische Gedächtnis bediente sich im Mittelalter nie in erster Linie der Geschichtsschreibung. Gewöhnliche Chroniken und historische Texte blieben meist unbeachtet, es sei denn (und damit sind wir wieder bei der ›Traditionskette‹), sie waren halachisch bedeutsam beziehungsweise Teil juristischer oder theologischer Werke. Im Großen und Ganzen fiel die historische Literatur der Juden des Mittelalters dem Vergessen anheim; die heute bekannten Texte wurden meistens erst von Gelehrten der Neuzeit wiederentdeckt und ediert. Wer wirklich wissen will, welches historiografische Erbe dem jüdischen Leser nach 1500 verfügbar war, braucht sich nur die Entwicklung des damals schon blühenden hebräischen Buchdrucks vor Augen zu halten. Neben dem allzeit beliebten *Josippon* wurden im gesamten 16. Jahrhundert nur vier schon vor 1500 entstandene historische Werke gedruckt: *Seder 'Olam Rabba* und *Seder 'Olam Zuta*, *Iggeret R. Scherira* und Ibn Dauds *Sefer Ha-Qabbalah*.[58] Das war der Bestand an nachbiblischer historischer Literatur aus vielen Generationen, mehr hatte sich in einer normalen Bibliothek nicht erhalten. Wie schon vorher bewegte sich die jüdische Erinnerung auch im Mittelalter in anderen Bahnen – vornehmlich denen des Rituals und der Liturgie; nur rituell und liturgisch Verwandeltes hatte Aussicht auf Bestand und Überleben.

Die Rituale der Erinnerung waren unverändert: biblischen Ursprungs, stark erweitert in der rabbinischen Halacha. Es handelte sich dabei um ein Gefüge verbindlicher Praktiken, um die sich die gemeinsame Erinnerung des ganzen Volkes rankte. Im Mittelpunkt standen zwar die großen überlieferten Feste Pessach, Wochen- und Laubhüttenfest, doch die historischen Fixpunkte des jüdischen Kalenders waren damit noch nicht erschöpft. Es gab Purim mit der feierlichen Lesung des Buches Esther und Chanukka, wo manchmal die sogenannte *Megillat Antiochus* (»Antiochus-Rolle«)[59] vorgelesen wurde. Alljährlich gab es drei Fasttage, deren Liturgie mit der Zerstörung des Tempels zusammenhing – den 10. Tewet, an dem die babylonische Belagerung Jerusalems begann, den 17. Tammus, an dem die erste Bresche in die Mauern geschlagen wurde, und schließlich den 9. Aw (*Tischah be'Aw*), an dem der Überlieferung zufolge sowohl der Erste als auch der Zweite Tempel zerstört wurde – ein weiteres Beispiel für den Hang zur historischen Symmetrie.[60]

Die Feststellung, dass solche historisch orientierten Feste von jedermann begangen wurden, sollte uns nicht zu übereilten Verallgemeinerungen hinsichtlich des Zeit- und Geschichtsbewusstseins der Juden im Mittelalter verleiten. Es lässt sich nämlich zeigen, dass so gut wie jeder ›historische‹ Aspekt im damaligen Judentum auch entgegengesetzte Elemente enthalten bzw. von ihnen begleitet sein konnte.

Neben dem Jahreskalender hatten die Juden im Mittelalter nämlich nicht weniger als drei wichtige chronologische Bezugssysteme: die Zeit der Schöpfung, die Epoche der Zerstörung des Zweiten Tempels und die Seleukidenzeit (die sogenannte *Minyan Schetarot*, die ›Zeit der Verträge‹, die man auch als *Minyan Yevani*, also ›Griechenzeit‹ bezeichnete).[61] Naturgemäß ließ jede dieser Epochen – auch qualitativ – an völlig unterschiedliche Zeiten denken, evozierte jede ganz andere historische Reminiszenzen; von den dreien wies nur der Untergang des Tempels auf einen entscheidenden Vorgang der jüdischen Geschichte zurück. Beim *anno mundi*, einer heute noch anzutreffenden Formel, geht es um ein kosmisches Ereignis, die Entstehung der Welt. Die Seleukidenzeit hatte absolut nichts spezifisch Jüdisches an sich; sie begann mit einem profanen Ereignis der hellenistischen Geschichte (der Eroberung Babyloniens durch Seleukos Nikator 312 v. u. Z.), welches für die Juden im Mittelalter nicht die geringste Bedeutung haben konnte und wahrscheinlich längst vergessen war.[62] Dass die Juden, wie auch andere Völker, ursprünglich aus Gründen der Bequemlichkeit die Zeitrechnung der Seleukiden übernommen hatten, ist verständlich; auffällig bleibt, dass erst im 16. Jahrhundert ein Vorstoß erfolgte, der davon wegführen konnte.[63]

Zur Datierung von Ereignissen verfügten die Juden des Mittelalters demnach über mehr als eine Zeitrechnung, und auch ihr Verhältnis zur historischen Zeit hatte mehr als eine Dimension. Ihre Erlebnisweise lässt sich mit keiner der beiden üblichen Kategorien ›linear‹ oder ›zyklisch‹ ausreichend kennzeichnen, da sie auf eigentümliche Weise von beidem etwas hatte. Wie wichtig das öffentliche Vorlesen der Schrift war, um die biblische Vergangenheit im Bewusstsein der Juden zu verankern, wurde bereits gesagt; nun müssen wir uns klarmachen, dass solche ritualisierten öffentlichen Lesungen ebendieser Vergangenheit unweigerlich die zyklische Qualität liturgischer Zeit verliehen. Natürlich hatte Joseph vor langen Zeiten gelebt, doch im festen Rhythmus der Lesungen in der Synagoge ist er diese Woche im Gefängnis, um nächste Woche freigelassen zu werden, und nächstes Jahr – und in allen zukünftigen Jahren – werden um die gleiche Zeit die gleichen Ereignisse erneut erzählt werden. Auch bei den genannten historischen Festen und Fasttagen verschmolzen offensichtlich historische und liturgische Zeit, Vertikalität und Zirkularität, auf ähnliche Weise. Das alles hat natürlich mit irgendwelchen Vorstellungen einer ›ewigen Wiederkehr‹ oder einer mythischen Zeit nicht das Geringste zu tun. Die historischen Vorgänge der biblischen Zeit bleiben zwar einmalig und irreversibel; psychologisch *erlebt* werden sie aber als zyklisch wiederkehrend und zumindest in diesem Sinn als außerzeitlich. Nicht alle jüdischen Feiertage hatten ihren Ursprung in der Geschichte. Rosch Haschana und Jom Kippur sind im Kern numinose alljährliche Reue und Sühneriten, bei denen auf einer sehr tiefen individuellen und kollektiven Ebene die sündige ›Geschichte‹ des alten Jahres aufgehoben wird, um Raum zu schaffen für einen Neubeginn. Aus biblischer Sicht gründet sich der Schabbat einmal in der Schöpfung, ein zweites Mal im Exodus. Im Lauf der Zeit wurde er allmählich als Tag jenseits der Grenzen historischer Zeit erlebt und schließlich sogar als allwöchentliche Vorwegnahme des Endes der Zeit und messianischer Stasis.

Mit solchen Überlegungen will ich lediglich darauf hinweisen, dass in der jüdischen Tradition nicht alles historisch geprägt war und dass eine bloße Aufzählung ritualisierter Gedenktage uns dem, was wir wissen wollen, kaum näherbringt. Wer die Gedächtnisinhalte der Juden im Mittelalter erschließen wollte, käme nicht darum herum, den gesamten von Assoziationen zu Vergangenheit und Zukunft prall gefüllten Bereich von Liturgie und Ritual ebenso gründlich zu durchforsten wie die Domäne von rabbinischem Gesetz und rabbinischen Sitten. Das kann hier nicht unsere Aufgabe sein. Das entscheidende Problem hat auch weniger mit der Frage zu tun, welche Inhalte das kollektive Gedächtnis anregten und prägten, als mit der Dynamik des Prozesses an sich. Doch genau dieser Aspekt ist außerordentlich schwer zu greifen. Heilige Tage, Rituale und Liturgien wirken wie Partituren, welche für sich genommen Nuancen und Textur einer Aufführung nicht vermitteln können.[64] Doch selbst im Bewusstsein, wie unendlich schwierig es ist, in solche inneren Erlebnisse einzudringen, können wir versuchen, einige Merkmale herauszuarbeiten, die Licht auf unser Thema werfen.

So dürfen wir gewiss davon ausgehen, dass ›Erinnertes‹ wenig oder gar nichts mit dem zu tun hatte, was wir als historisches Wissen bezeichnen würden. Wenn die Juden in der Synagoge den Untergang des Tempels beklagten, kannten zwar alle den Tag und den Monat, doch man darf annehmen, dass die meisten keine Ahnung hatten, in welchem Jahr und unter welchen taktisch-militärischen Umständen der Erste oder der Zweite Tempel zerstört worden war – und dass es ihnen auch gleichgültig war. Sie wussten, dass die Babylonier bzw. die Römer den Tempel zerstört hatten, doch weder Babylon noch Rom konnten historische Realitäten für sie sein. In Klageliedern von großer dichterischer Kraft wurden bewegende elementare Erinnerungen ausgedrückt, doch auf eine Weise, die mit unserer Vorstellung von ›Geschichtskenntnis‹ gar nichts zu tun hat. Ein Strukturmodell des kollektiven Gedächtnisses der Juden wird in folgendem kurzen Auszug aus einer langen Klage zum 9. Aw deutlich:

»Ein Feuer brennt in mir, wenn ich gedenke –
als ich aus Ägypten zog,
Doch ich stimme Klagen an, wenn ich mich erinnere –
als ich aus Jerusalem zog.
Moses sang ein Lied, das nie vergessen werden sollte –
als ich aus Ägypten zog,
Jeremia trauerte und klagte laut vor Kummer –
als ich aus Jerusalem zog.
Die Meereswellen schlugen, doch standen wie eine Mauer –
als ich aus Ägypten zog,

Die Wasser flossen über und gingen mir über den Kopf –
als ich aus Jerusalem zog.
Moses führte und Aaron leitete mich –
als ich aus Ägypten zog,
Nebukadnezar und der Kaiser Hadrian –
als ich aus Jerusalem zog ...«[65]

Als Erstes fällt hier die Antiphonie in dem hämmernden Refrain auf. Die ›Erinnerung‹ an die Vertreibung aus Jerusalem wird durch den wiederholten Vergleich mit dem Auszug aus Ägypten – dem locus classicus historischer Verweise bei den Juden – gefestigt und überhöht. Interessanterweise wird statt Titus oder Vespasian Hadrian genannt, doch sonst finden sich in der gesamten Klage kaum konkrete historische Details. Hier wird nicht einfach eines bestimmten Vorfalls im Rahmen einer längst vergangenen Katastrophe gedacht; hier konkretisiert sich ein struktureller Gegensatz des jüdischen Geschichtserlebnisses. Den Kern bildet dabei die Polarität der beiden großen historischen Ereignisse des »Weggangs« (Ägypten/Jerusalem – Exodus/Exil), die Träger aller möglichen Bedeutungen sind, welche so klar sind, dass sie gar nicht ausdrücklich benannt werden müssen. Am verblüffendsten ist die ständige Verwendung der ersten Person Singular (»als ich aus Ägypten zog«; »als ich aus Jerusalem zog«) statt »sie« oder auch dem kollektiven »wir«. Es wäre meines Erachtens ein gewaltiger Irrtum anzunehmen, es handle sich bei diesen Formulierungen lediglich um dichterische Freiheit. Die bewusste Verwendung des »ich« bedeutet mehr und verweist auf ein umfassenderes Phänomen.

Durch Rituale und Liturgien des Gedenkens ausgelöste Erinnerungen zielten nämlich – unabhängig vom Inhalt – nicht auf Rationales, sondern auf Evokation und Identifikation. Es lässt sich zeigen, dass dabei nicht plötzlich Tatsachen aus der Vergangenheit hervorgerufen wurden, über die man distanziert Betrachtungen anstellen, sondern Situationen, in die man irgendwie existenziell hineingezogen werden konnte. Am deutlichsten lässt sich das anhand des Pessach-Seder erkennen, dem beispielhaften Ritual zur Aktivierung des jüdischen Gruppengedächtnisses. Da werden bei einem Mahl im Familienkreis Ritual, Liturgie und sogar Kochkunst so orchestriert, dass die zur Lebensgrundlage gehörende Vergangenheit von einer Generation zur nächsten weitergegeben wird. Der ganze Seder ist die symbolische Darstellung einer historischen Szenenfolge, deren drei große Akte – Knechtschaft, Errettung, endgültige Erlösung – auch die Struktur der dabei vorgelesenen Haggada bestimmen. Bezeichnend ist gleich eine der ersten vorgeschriebenen rituellen Handlungen: Vor den Versammelten wird ein Stück ungesäuerten Brotes (*Mazze*) erhoben mit den Worten: Ha Lachma Anya – »*Dies ist das Brot der Armut*, das unsere Vorväter in Ägypten aßen«. Text und Geste sollen weniger einen Gedächtnissprung bewirken als eine Verschmelzung von Vergangenheit und Gegenwart. Das Gedenken bedeutet hier nicht mehr Rückbesinnung, bei der ein Gefühl der Distanz ja stets erhalten bleibt, sondern erneute Aktualisierung.[66] Das gleiche gilt auch für das »ich« in der *Tischah be'Aw*-Klage. Nirgends aber wird die Vorstellung eindringlicher formuliert als in dem Talmudspruch, der für die ganze Pessach-Haggada entscheidend ist: »In jeder einzelnen Generation ist ein Mensch verpflichtet, sich selbst so zu betrachten, als ob er aus Ägypten gezogen sei.«[67]

Wie wirksam solche Mechanismen auch sein mochten, es drehte sich dabei doch stets um uralte Erinnerungen, denn allgemein akzeptiert waren nur die heiligen Tage, Rituale und Liturgien, die sich auf Ereignisse bis zum Zeitpunkt der Zerstörung des Zweiten Tempels bezogen. Talmud und Midrasch fügten eine weitere umfangreiche Schicht der Vergangenheit hinzu. Für die meisten Juden bildete die Vertiefung in Talmudstudien das Herzstück der jüdischen *Paideia*; die Rabbinen waren daher als Ausleger des Gesetzes – mit realen oder auch legendenhaften Lebensläufen – vertraute Gestalten in einer

Gedächtnislandschaft mit fließenden Grenzen zwischen Geschichte und Legende. Doch auch der Talmud hatte um das Jahr 500 unserer Zeitrechnung seine endgültige Form erlangt. Wir müssen uns also mit der Frage befassen, was die Juden im Mittelalter unternahmen, um die Erinnerung an Ereignisse zu bewahren, die sie selbst erlebt hatten.

Ich möchte hier vier typische Mittel nennen, derer sich das Gedächtnis der Juden damals bediente; jedes verrät etwas über die Mentalität, die dahintersteckte.

Historische Katastrophen zeitigten im Mittelalter als wichtigste religiöse und literarische Reaktion nicht etwa Chroniken, sondern *Selichot*, Bußgebete, die in die Liturgie der Synagoge aufgenommen wurden. Mit solchen Gebeten verlieh der Dichter den tiefsten Empfindungen der Gemeinde Ausdruck, der Zerknirschung angesichts des göttlichen Zornes oder den Fragen nach der göttlichen Gerechtigkeit, dem Flehen um ein Ende des Leidens oder um Rache am Unterdrücker. Mit anderen Worten: der Dichter ›gedachte‹ der Vorgänge. Von diesen mittelalterlichen historischen *Selichot* sind außerordentlich viele erhalten.[68] Namen und Schilderungen fehlen meistens, doch gibt es Ausnahmen. Die dichterische Form machte es schwer, genaue Einzelheiten einzubringen, und der Dichter konnte im Allgemeinen damit rechnen, dass die ›Fakten‹ der Gemeinde ohnehin bekannt waren. Für spätere Generationen allerdings sah es anders aus, und selbst heutige Wissenschaftler tun sich trotz aller modernen Forschungsmethoden bei der Zuordnung eines bestimmten Bußgebets zu einem Ereignis manchmal schwer.

Memorbücher erlebten vor allem bei den aschkenasischen Juden eine Blüte. Man schrieb in diese Bände, die jahrhundertelang im Gemeindearchiv verwahrt wurden, nicht nur die Namen berühmter Rabbis und anderer Gemeindeoberhäupter, sondern verzeichnete auch Verfolgungen und führte Listen von Märtyrern, die gelegentlich bei Gottesdiensten zum Totengedenken in der Synagoge vorgelesen wurden. Während sich die meisten Memorbücher auf die Geschichte der jeweiligen Gemeinde beschränkten, waren andere breiter angelegt. Das berühmte Nürnberger Memorbuch, 1296 begonnen und bis 1392 fortgeführt, enthält neben einem Gedicht zu Bau und Einweihung der Synagoge und einem von hebräischen und altfranzösischen Gedichten begleiteten Verzeichnis der Wohltäter der Gemeinde auch eine Martyrologie, in der die Judenverfolgungen in Deutschland und Frankreich vom ersten Kreuzzug von 1096 bis zur Pest von 1349 aufgeführt sind.[69] So enthalten die Memorbücher zwar manchmal wichtige historische Informationen, sind aber dennoch keine historiografischen Werke. Ihr Hauptanliegen war es, die Namen derer zu bewahren, für deren Seelen die Gemeinde im Gotteshaus beten sollte.

Überall auf der Welt führte man in jüdischen Gemeinden ›Zweite Purimfeste‹ zum Gedenken an die Errettung aus einer bestimmten Gefahr oder Verfolgung ein.[70] Vorbild war immer das ursprüngliche Purimfest, an dem man der Rettung der persischen Juden gedachte. Einige wenige Beispiele mögen einen Eindruck von der weiten Verbreitung und vielfältigen Entstehungsgeschichte dieser Feste vermitteln: Im islamischen Spanien kam es im Jahre 1038 in der Nähe des Dorfes El Fuente zu einer Schlacht zwischen den Heeren Granadas und Almerias. Der Wesir des Königreichs Granada, Samuel Ibn Naghrela, ein bedeutender hebräischer Dichter, Gelehrter und Staatsmann, war Jude – der einzige Fall im Mittelalter, dass ein Jude eine derartige Machtposition innehatte. Er hatte reichlich Grund zu der Annahme, eine Niederlage Granadas würde nicht nur seinen Sturz, sondern den Untergang der ganzen jüdischen Gemeinde bedeuten. Daher rief er, als die Streitmacht Granadas den Sieg davongetragen hatte, ein Zweites Purimfest aus und schickte Abschriften eines herrlichen hebräischen Gedichtes, welches er aus diesem Anlass verfasst hatte, nach Tunis, Palästina und Babylonien mit der Bitte, dieses Purim auch dort zu feiern.[71] Das Purimfest von

Narbonne in Südfrankreich geht auf das Jahr 1236 zurück, als der Gouverneur der Stadt antijüdischen Krawallen ein Ende machte, zu denen es gekommen war, nachdem ein Jude bei einem privaten Streit einen christlichen Fischer getötet hatte.[72] 1380 oder 1420 verriet ein abtrünniger Jude namens Markus in ›Saragossa‹ (in Wirklichkeit spielte sich der Vorfall in Syrakus ab), dass die Juden die Torarollen aus ihren Behältern genommen hatten, bevor diese, wie es der Brauch war, während einer Prozession dem König gezeigt wurden. Der König sah darin eine Kränkung und ordnete an, die Behälter bei nächster Gelegenheit zu untersuchen. Mittlerweile warnte aber der Legende nach der Prophet Eliyah die Juden vor der Gefahr, woraufhin man die Rollen wieder an ihren Platz legte. Als der König sie dort vorfand, war die Gemeinde gerettet, Markus aber wurde gehängt. So entstand das ›Purim von Saragossa‹, welches in manchen Gemeinden im Osmanischen Reich noch Jahrhunderte später gefeiert wurde.[73] 1578 landete Dom Sebastian, der junge portugiesische König, mit einer Streitmacht in Marokko. Zwei Marranen warnten die dortigen Juden, der König wolle sie, falls er den Sieg erringe, alle gewaltsam taufen, wie man es 1497 mit allen portugiesischen Juden gemacht hatte. Als Sebastian die Schlacht von Alcácer-Quibir verlor und fiel, riefen die marokkanischen Juden ein Zweites Purimfest aus, das man als ›Purim Sebastiano‹ oder auch ›Purim de los Cristianos‹ bezeichnet.[74]

Wir kennen eine Fülle solcher ›Purimfeste‹, und fast alle haben sie bestimmte Merkmale gemeinsam. Anders als das biblische Purim wurden sie nie vom ganzen Volk gefeiert, sondern nur an einzelnen Orten oder allenfalls in einer Region. Besonders typisch war – abgesehen von gewissen zusätzlichen Gebeten – die Anfertigung einer *Megillah*, einer ›Rolle‹, in der das Geschehen in bewusster Anlehnung an Stil, Struktur und Sprache der biblischen Estherrolle erzählt wurde. Hier ein Beispiel: 1524 erhob sich der Gouverneur von Ägypten, Ahmed Schaitan, gegen den türkischen Sultan Süleyman den Prächtigen, warf zwölf prominente Juden ins Gefängnis, um Lösegeld zu erpressen, und drohte, alle Juden von Kairo zu vernichten. Der Sultan ließ den Aufstand niederwerfen, und Ahmed Schaitan wurde enthauptet. Diese Vorgänge boten den Anlass für das ›Ägyptische Purim‹, welches alljährlich am 28. Adar mit der öffentlichen Lesung des sogenannten *Megillat Mizrayim*, der ›Ägyptischen Rolle‹, gefeiert wird.[75] Für jeden, der die ersten Verse des Buches Esther kennt, ist die bewusste Kontrafaktur unüberhörbar:

> »Nun ereignete sich in den Tagen des Königs Süleyman, – das ist der König Süleyman, der in der Türkei herrschte und in der Levante und in Griechenland und in vielen anderen Provinzen – in jenen Tagen, da der König Süleyman auf dem Thron seines Königreichs, dem in Konstantinopel, der großen Stadt, saß ...«

Neben diesen Zweiten Purimfesten schufen die Juden im Mittelalter zum Gedenken an die bitteren Zeiten, als keine Rettung kam, außer den *selichot* auch besondere Fasttage.[76] Die ungewöhnliche Entwicklung eines solchen Festes wollen wir nun näher betrachten.

Im Mai des Jahres 1171 behauptete in Blois in Frankreich ein Knecht, er habe einen Juden eine Kinderleiche in die Loire werfen sehen. Obgleich man keine Leiche fand, steckte man die vierzig Juden von Blois ins Gefängnis. Die Angelegenheit wurde noch dadurch kompliziert, dass Graf Theobald, der Herrscher, eine Affäre mit der Jüdin Polcelina hatte, was die Gräfin eifersüchtig machte, während andere Christen sich über den Einfluss der Dame bei Hofe ärgerten. Also tat man sich zusammen, um die jüdische Gemeinde zu vernichten. Bestechungsversuche fruchteten nicht. Der Knecht wurde einer recht zweifelhaften Wasserprobe unterworfen und seine Aussage daraufhin für wahr erklärt. Vor die Wahl zwischen Taufe oder Tod gestellt, wählten die meisten Juden, auch

Polcelina, den Tod. Am 20. Siwan, dem 26. Mai 1171, wurden 32 Juden, darunter 17 Frauen, auf dem Scheiterhaufen verbrannt.[77]

Soweit in knappen Zügen der erste Fall, in dem Juden in Kontinentaleuropa eines Ritualmordes bezichtigt wurden. Auf die Zeitgenossen machte das Martyrium von Blois einen ungeheuren Eindruck. Neben zwei hebräischen Berichten entstanden eine Reihe von *Selichot*. Als Rabbi Jakob Tam – als bedeutendster jüdischer Gelehrter seiner Zeit trug er den Ehrentitel Rabbenu Tam – von den tragischen Ereignissen erfuhr, erklärte er den Tag des Brandopfers zum ewigen Fasttag. Ephraim von Bonn schilderte die Vorgänge in Prosa; am Schluss heißt es:

> »Mittwoch, der 20. Siwan 4931 [1171 n. u. Z.] wurde von allen Gemeinden in Frankreich, England und im Rheinland als Tag der Trauer und des Fastens begangen; sie taten dies aus freien Stücken, aufgefordert von unserem Meister, dem glanzvollen Gelehrten Jakob, Sohn des Rabbi Meir [Tam], der ihnen Briefe schrieb und ihnen mitteilte, der Tag sei würdig, für unser ganzes Volk zum Fasttag erklärt zu werden, und das Fasten solle größer sein als das Fasten von Gedaliah ben Ahikam, denn es ist ein Tag der Buße. Dies sind die Worte, die unser Meister schrieb, und so geziemt es sich, und so nahmen die Juden es auch an.«[78]

Um die weitere Geschichte dieses Fasttages am 20. Siwan zu verfolgen, müssen wir fast fünf Jahrhunderte überspringen und uns von Frankreich nach Osteuropa begeben.

1648 brach in Polen und in der Ukraine die große Welle der Kosakenpogrome unter Führung Bogdan Chmelnitzkys aus, bei denen jüdische Gemeinden zu Hunderten verwüstet und Tausende umgebracht, in die Gefangenschaft verkauft oder völlig hilflos zurückgelassen wurden. Für die osteuropäischen Juden bedeutete 1648 einen Schlag, dessen Wunden nie wieder verheilten.

Wie nach den Kreuzzügen wurden auch jetzt mehrere Chroniken verfasst sowie eine beträchtliche Anzahl von *selichot* und anderen liturgischen Gedichten. Allgemein hat man darauf hingewiesen, dass die Autoren dieser Schriften trotz aller Unterschiede zwischen der Lage des polnischen Judentums während der Pogrome und derjenigen der Juden im Rheinland während des Ersten Kreuzzuges beide Verfolgungen homologisiert und das Gemetzel von 1648 als *Wiederholung* des Martyriums der rheinischen Juden geschildert hätten.[79]

Diese typologische Gleichsetzung ist an sich schon bedeutsam, doch es geht um mehr. In der *Megillat 'Efah* (der ›Schreckensrolle‹), einem Bericht von Rabbi Schabbetai Katz über die Kosakenmassaker, heißt es:

> »Deshalb habe ich für mich selbst und für die kommenden Generationen meiner Nachkommen einen Tag des Fastens, des Kummers, der Trauer und der Klage festgelegt *am zwanzigsten Tage des Monats Siwan* ... weil dieser Tag der Anfang war von Verfolgung und Leid ... und weil (an diesem Tage) der Jammer sich verdoppelte ... *denn die Verfolgung von 4931* [1171] *war am selben Tage* ... und ich habe diese *selichot* und Klagen unter Tränen und flehentlichen Gebeten verfasst, damit sie fortan Jahr für Jahr an diesem Tage rezitiert werden können«.[80]

Der private Fasttag, den Schabbetai Katz eingeführt hatte, wurde bald allgemeiner Brauch. Als 1650 in Lublin der Rat der Vier Länder zusammentrat, das höchste Gremium des gesamten polnischen Judentums, »verpflichteten sie sich und ihre Nachfahren, Jahr für Jahr *am zwanzigsten Tage des Monats Siwan* überall in den Vier Ländern zu fasten ...«[81]

Die von Schabbetai Katz verfassten *selichot* wurden auch in Litauen rezitiert. In Polen selbst hielten sich die Gemeinden an den Brauch eines anderen führenden Rabbiners, Jomtow Lipmann Heller. Anders als Katz verfügte Heller, dass alte

Selichot, darunter zwei, die im 12. Jahrhundert nach der Judenverbrennung von Blois verfasst worden waren, am 20. Siwan zum Gedenken an die Pogrome von 1648 rezitiert werden sollten. Er nannte dafür einen höchst interessanten Grund:

> »Was sich jetzt ereignet hat, gleicht den Verfolgungen früherer Zeiten, und alles, was den Vorvätern geschehen, geschah auch ihren Nachkommen. Zu den früheren Ereignissen verfassten schon die früheren Generationen *selichot* und erzählten sie. *Es ist alles eins.* Also sagte ich mir – Ich werde daraus einige aussuchen, denn ›bedeutender ist der Fingernagel der Ersteren als der Leib der Späteren‹ [*Joma* 9b]. Auch deshalb, weil unsere Gebete eher erhört werden, wenn wir die ihrigen sprechen, da man die Worte, die die Kleinen äußern, nicht mit denen der Großen vergleichen kann. Und so werden sich im Grabe ihre Lippen bewegen, und ihre Worte werden wie eine Leiter sein, auf der unser Gebet zum Himmel steigt.«[82]

Auf Drängen verschiedener Seiten verfasste Jomtow Lipmann Heller zwar auch einige eigene Gebete, doch seine ursprüngliche Auffassung setzte sich in ganz Polen und darüber hinaus durch. In den meisten gebräuchlichen Gebetbüchern fanden sich nach einiger Zeit kaum noch *Selichot*, die eigens anlässlich der Kosakenmassaker entstanden waren.[83] Zum 20. Siwan, der in Osteuropa zum Gedenken an 1648 noch bis zum Vorabend des Zweiten Weltkrieges begangen wurde, sagte man nur mittelalterliche *Selichot* auf. Der Kreis war geschlossen.

Ich habe das wechselvolle Schicksal des Fasttags am 20. Siwan so detailliert dargestellt, weil wir hier beispielhaft Einblick in die Art des Funktionierens von jüdischem kollektiven Gedächtnis im Mittelalter nehmen können. Lassen wir die entscheidenden Elemente nochmals Revue passieren:

1. Der Fasttag von Blois hielt sich, durch aschkenasische Wanderungswellen nach Osteuropa ins Polnische getragen,

außerordentlich lange; ursprünglich im 12. Jahrhundert eingeführt, wurde er im 17. immer noch begangen.

2. Liturgie und Ritual hatten Vorrang vor historischen Darstellungen. Prosaberichte über die Tragödie von Blois waren allem Anschein nach nur Einzelnen bekannt.[84]

3. Ein dem Gedenken gewidmeter Brauch, wie eben der Fasttag am 20. Siwan, konnte auch unter Verzicht auf die historischen Einzelheiten das Wesentliche eines Ereignisses wirksam bewahren.

4. Historische Neuigkeiten stießen auf Widerstand. Nach 1648 gab es eine deutliche Tendenz, die jüngste Katastrophe jeweils in alte Formen zu gießen. In Jomtow Lipmann Hellers Überzeugung, die fast fünf Jahrhunderte früher verfassten *selichot* reichten aus, auch das zeitgenössische Ereignis zu erfassen, tritt diese Tendenz besonders drastisch zutage. »Denn es ist alles eins.«

5. Die Erinnerung an die Ereignisse von Blois blieb fast dem Zufall überlassen. Man kann sich unschwer vorstellen, was geschehen wäre, wenn Rabbenu Tam kein alljährliches ewiges Fasten ausgerufen hätte: Blois hätte leicht spurlos aus dem Gedächtnis getilgt werden können. Andere Umwälzungen größten Ausmaßes, darunter auch riesige Massaker und die Vertreibung sämtlicher Juden aus einem Land, gerieten denn auch in Vergessenheit, wenn sie nicht in den Kalender aufgenommen wurden.

Die eben aufgezählten Aspekte sind keineswegs Ausnahmen, sondern typisch für jüdisches Denken im Mittelalter; auch mit anderen, im Verlauf unserer Erörterung bereits herausgearbeiteten Momenten stehen sie durchaus im Einklang. Zusammenfassend lässt sich sagen, dass nach-talmudische Ereignisse bestenfalls teilweise und sporadisch erinnert wurden und dass es keine konsequenten Versuche gab, sich an mehr zu erinnern.

Die religiöse und intellektuelle Kreativität fand bei den Juden im Mittelalter drei große Betätigungsfelder: Halacha

(Jurisprudenz), Philosophie und Kabbala. Jedes dieser drei Gebiete bot ein umfassendes Weltbild, keines setzte zu seiner Bearbeitung historisches Wissen voraus. Nur hier konnte man zu letzten Wahrheiten vorstoßen und spirituelles Glück erlangen. Daran gemessen konnte Vertiefung in die Geschichte bestenfalls ein Zeitvertreib sein, schlimmstenfalls – wie Maimonides gemeint hatte – ›Zeitverschwendung‹.

Die relative Gleichgültigkeit der Juden des Mittelalters gegenüber historischem Wissen wird oft auch anders erklärt – meines Erachtens allerdings nicht befriedigend. Eine These besagt, Leiden und Verfolgung hätten das historische Bewusstsein abgestumpft, eine andere, die Juden hätten als Volk ohne Staat und Macht – normalerweise Hauptgegenstände der Geschichtsschreibung – nichts gehabt, worüber man hätte schreiben können. Es wurde sogar behauptet, es habe den Juden einfach an Hofchronisten bzw. Mönchen gefehlt, die sich der Geschichtsschreibung widmeten. Die Fruchtlosigkeit solcher Thesen wird offenbar, wenn man sich vor Augen führt, dass alle genannten Faktoren auch im 16. Jahrhundert galten. Da aber kam es plötzlich zu einer beispiellosen Blüte historischen Schrifttums bei den Juden, einer Blüte, die quantitativ und qualitativ fast alles übertraf, was sie seit der Antike auf diesem Gebiet hervorgebracht hatten.

Nach der Vertreibung aus Spanien

»Inmitten der Reichtümer und Freuden des fröhlichen Asiens bin ich ein armer, müder Reisender, angesichts der Fülle an Gold und der Weite des verbrannten Bodens Afrikas ein elender, hungernder und dürstender Verbannter. Was nun, Europa, ach Europa, du meine Hölle auf Erden, was sag ich von dir ...?«

Samuel Usque, Consolação às tribulações de Israel

»Was die Geschichte Spaniens angeht – so waren die Armen immer zu Gast bei uns und versammelten sich unter dem Schutz unseres Daches. Die braven und ausgezeichneten spanischen Juden gingen bei uns ein und aus ... und erzählten mir die große und schreckliche Geschichte der Vertreibung aus Spanien.«

Eliyah Capsali, Seder 'Eliyahu Zuta

»Nennt mir des Weiteren die Gründe für den Niedergang der Juden seit den alten Zeiten ... denn seht, ich habe herausgefunden, dass ihr Sturz weder auf natürliche Weise noch auf Grund göttlicher Bestrafung erfolgte. Denn wir haben von vielen Völkern gehört und gesehen, die größere Schuld und Sünde auf sich geladen haben als sie und nicht bestraft wurden, sondern im Gegenteil Erfolg auf Erfolg häuften.«

Salomo Ibn Verga, Schewet Jehuda

»Doch eben weil nichts in diesem meinem Buch die Gesetze von Reinem und Unreinem betrifft oder von Verbotenem und Erlaubtem, eben darum war ich gezwungen, es zu schreiben, und ich habe, weiß Gott, nicht die Absicht, mich zu rühmen oder damit zu prahlen, denn selbst ein Schulkind könnte so ein Buch verfassen. ... Ich habe es

auch nicht für die großen Gelehrten geschrieben, die von der Tora voll sind wie Granatäpfel, sondern für gewöhnliche Leute, unreife Schüler wie ich selbst einer bin. …«

David Gans, Zemah David

»Und um sich in einer Stunde der Niedergeschlagenheit abzulenken, gibt es Josippon, Zemah David, Ibn Dauds Sefer Ha-Qabbalah, Sefer Juchassin, Schewet Jehuda und die Geschichtswerke von Josef Ha-Kohen und Eliyah Capasali …«

Joseph Delmedigo,
[Lektüreempfehlung für den
Karaiten Zerah ben Menahem]

Es gibt im ganzen Mittelalter keine Parallele zu der Flut jüdischer Geschichtsschreibung im 16. Jahrhundert, als binnen hundert Jahren nicht weniger als zehn bedeutende historische Werke entstanden.

Salomo Ibn Verga stellt in *Schewet Jehuda* (»Das Zepter Judas«), einer protosoziologischen Analyse des Leidens der Juden in der Geschichte im Allgemeinen und der Vertreibung aus Spanien im Besonderen, eine Reihe erdichteter Gespräche in den Rahmen einer Geschichte der Verfolgungen.[85] Abraham Zacuto liefert im *Sefer Juchasin* (»Buch der Genealogien«) die bis dato fundierteste und zuverlässigste Geschichte der rabbinischen Gelehrsamkeit, verstreute Mitteilungen über Ereignisse der jüdischen Geschichte sowie als Anhang eine Chronologie des Weltgeschehens.[86] Eliyah Capsalis *Seder 'Eliyahu Zuta* (»Die kleine Ordnung Eliyahs«), eine umfassende Geschichte der osmanischen Türken, enthält neben historischen Darstellungen sowohl des türkischen als auch des spanischen Judentums, besonders im Zeitalter der Vertreibung, ein weiteres eigenständiges Werk, *Sippurey Venezia*, eine Chronik Venedigs nebst einem Bericht über die Erlebnisse des Autors in Padua zwischen 1508 und 1515.[87] Samuel Usques portugiesisch geschriebene *Consolaçam as tribulaçoens de Israel* (»Trost für die Leiden des israelischen Volkes«) ordnet die gesamte jüdische Geschichte im bukolischen Gewand von Dialogen um drei allegorische Hirtengestalten: Ycabo (Jakob – das jüdische Volk), Zicareo (Zacharias – der ›Erinnerer‹) und Numeo (Nachum – der ›Tröster‹) an.[88] Von Josef Ha-Kohen stammen *Dibrey Ha-Yamim le-Malkhey Zarefat u-Malkhey Bet Ottoman Ha-Togar* (»Geschichte der Könige von Frankreich und der osmanischen türkischen Sultane«)[89] und *Emek ha-Bacha* (»Tal der Tränen«), eine Geschichte jüdischen Leidens seit dem Untergang des Zweiten Tempels.[90] Gedaliah Ibn Jachja stellt in *Schalschelet Ha-Qabbalah*, wie bereits der Titel andeutet, die

»Traditionskette« dar, bietet aber auch Informationen über historische Ereignisse in Italien und anderswo.[91] Asarja de' Rossis *Meor Enajim* (»Augenleuchte«) ist nicht erzählende Historiografie, sondern eine Pionierleistung – eine Reihe historischer Essays, in denen den Juden u. a. die hellenistischjüdische Literatur wieder ins Bewusstsein gerufen wird (z. B. Philo von Alexandrien und der »Aristeas-Brief«) und beides, die klassische rabbinische Aggada und der jüdische Kalender, wurden zum ersten Mal Gegenstand einer historischen Untersuchung und Kritik.[92] David Gans schließlich bietet in seinem zweiteiligen Werk *Zemah David* (»Der Spross Davids«) zunächst eine detaillierte Chronologie der jüdischen Geschichte, dann eine der Weltgeschichte.[93]

Der inhaltliche Reichtum dieser Werke lässt sich natürlich im Rahmen einer bloßen Aufzählung nicht vermitteln.[94] Jedes wäre eine ausführliche eigene Erörterung wert. Eine eingehende Analyse irgendeines Werkes der jüdischen Geschichtsschreibung im 16. Jahrhundert liegt aber gar nicht in meiner Absicht. Die genannten Werke interessieren nicht nur wegen der historischen Fakten, die man ihnen entnehmen kann, oder weil sie Licht auf das Zeitalter ihrer Entstehung werfen. Als Ganzes betrachtet können sie zur Klärung bestimmter übergreifender Aspekte des damaligen – und auch des späteren – Verhältnisses der Juden zum historischen Wissen beitragen.

Erst im 16. Jahrhundert begegnet uns also im Judentum das Kulturphänomen, das man eindeutig als Geschichtsschreibung bezeichnen kann. Zwar ist jedes der zehn genannten Werke anders als die anderen, doch ungeachtet dessen bilden sie ein kulturelles und historisches Kontinuum. Fünf der acht Autoren waren entweder selbst aus Spanien oder Portugal vertrieben worden oder stammten von Vertriebenen ab (Ibn Verga, Zacuto, Usque, Josef Ha-Kohen, Gedaliah Ibn Jachja). Einer, der Kreter Eliyah Capsali, war von nach Kreta gelangten spanischen Flüchtlingen stark beeinflusst worden. Nur zwei, Asarja de' Rossi und David Gans, kamen nicht aus sephardischem Milieu, sondern aus Mantua bzw. aus Prag. Gans hatte, als er gegen Ende des Jahrhunderts schrieb, die Werke seiner sephardischen Vorläufer bereits gelesen und verarbeitet. Nur bei Rossi stammten die entscheidenden Einflüsse aus anderen Quellen.

Schon die Herkunft des überwiegenden Teils dieser Autoren deutet also auf einen Typus hin. Letzten Endes nämlich war der entscheidende Auslöser für den Aufstieg der jüdischen Geschichtsschreibung im 16. Jahrhundert die große Katastrophe, die am Ende des 15. dem freien jüdischen Leben auf der Iberischen Halbinsel abrupt ein Ende gesetzt hatte – ein Zusammenhang, der durch Feststellungen in einigen der Werke ausdrücklich bestätigt wird. Damit stoßen wir zum ersten Mal seit der Antike im Judentum auf eine breit gefächerte historiografische Reaktion auf ein großes historisches Ereignis. Im Mittelalter hatten nicht einmal die Massaker der Kreuzfahrer eine vergleichbare Literatur entstehen lassen. Im 16. Jahrhundert aber begegnet man nicht nur in den eigentlichen historischen Schriften, sondern in fast allen Gattungen der jüdischen Literatur direkten oder indirekten Hinweisen auf die spanische Vertreibung von 1492, die massenhafte Zwangstaufe der portugiesischen Juden nur fünf Jahre später und das Leiden der Flüchtlinge zu Lande und zur See.[95] Dabei handelte es sich hier natürlich nicht um die erste europäische Judenvertreibung. Die Vertreibung der Juden aus Frankreich im Jahre 1306 war keine Bagatelle gewesen, selbst wenn sie kein solches Ausmaß erreicht hatte. Gersonides hatte die Zahl der Vertriebenen mit »zweimal so viele wie aus Ägypten gekommen waren« bemessen.[96] Aber außer an dieser Stelle in seinem Pentateuch-Kommentar wird die große Wende in jüdischen Texten des 14. Jahrhunderts eigentlich nicht erwähnt. Die Auswirkungen der Vertreibung aus Spanien stehen dazu in schärfstem Kontrast.

Natürlich gab es für diese Entwicklung mehr als einen Grund. Der wichtigste war sicher das hochentwickelte Bewusstsein, dass sich Beispielloses ereignet hatte, in den Generationen nach der spanischen Vertreibung – nicht nur das abrupte Ende einer bedeutenden und angesehenen jüdischen Bevölkerung, sondern noch Schlimmeres. Eben weil es nicht die erste Vertreibung war, sondern in einem ganz entscheidenden Sinn die letzte, meinte man, damit habe sich das Judentum an sich und damit auch die Geschichte selbst im Innersten gewandelt. Bei der Aufzählung der Judenvertreibungen in Europa, die 1290 in England begannen, sah Isaak Abravanel die spanische Vertreibung von 1492 als Höhe und Kulminationspunkt eines Verlagerungsprozesses, bei dem die Juden insgesamt aus dem Westen in den Osten gedrängt worden waren.[97] Die Entwurzelung der größten und stolzesten jüdischen Bevölkerung in Europa war tragisch genug, doch die entscheidende Bedeutung der spanischen Vertreibung sah man darin, dass ganz Westeuropa jetzt frei von Juden war. Abraham Zacuto formulierte den entscheidenden Unterschied, als er die Vertreibung aus Spanien und Portugal der aus Frankreich gegenüberstellte. Er berichtet, dass einer seiner Vorfahren 1306 zu den Frankreichflüchtlingen gezählt hatte, die jenseits der spanischen Grenze sogleich Zuflucht fanden, und ruft aus: »Und von Frankreich gelangten sie nach Spanien. Doch auf der einen Seite waren unsere Feinde und auf der anderen das Meer!«[98]

Es überrascht nicht, dass eine historische Krise zu historischer Literatur anregt. Ein Parallelbeispiel bietet der Aufstieg der italienischen humanistischen Geschichtsschreibung nach dem Zusammenbruch des republikanischen Systems in den italienischen Stadtstaaten.[99] Die Ähnlichkeit beschränkt sich aber auf die Entstehung. Außer bei Asarja de' Rossi kann man nicht sagen, dass die jüdische Historiografie des 16. Jahrhunderts den Geist der Geschichtsschreibung der Renaissance absorbiert hätte, ungeachtet der Tatsache, dass sich manche jüdischen Chronisten in großem Umfang Informationen aus italienischen Geschichtswerken besorgten. Wir dürfen uns nicht täuschen lassen, wenn bei Josef Ha-Kohen oder Gedaliah Ibn Jachja Elemente humanistischer Kultur erscheinen, denn es handelt sich dabei letzten Endes um Äußerlichkeiten. Auch Ibn Vergas *Schewet Jehuda* ist, im Gegensatz zu einer weitverbreiteten Meinung, von der italienischen Renaissance nicht beeinflusst.[100] Neuerdings konnte man nachweisen, dass Ibn Verga nie nach Italien kam, sondern kurz nach seiner Flucht aus Portugal 1508 in Flandern starb.[101] Wenn man in seinem Werk nach äußeren Einflüssen sucht, sollte man, wie ich seit Langem meine, das iberische kulturelle Milieu ins Auge fassen, das ihn prägte. Im Ganzen jedoch ist die Dynamik der jüdischen Geschichtsschreibung nach der spanischen Vertreibung rein immanent und basiert auf innerjüdischen Entwicklungen. Juden, die – um mit Tam Ibn Jahja zu reden – »im Blut der Umwälzungen schwammen«, suchten den Sinn dieser Umwälzungen zu begreifen; sie wollten Antwort auf die Frage, die Ibn Verga so formulierte: »Wieso dieser ungeheure Zorn?« Auf der Suche nach einer Antwort schlug man verschiedene Wege ein. Einer davon führte bezeichnenderweise in die Geschichte und in die Vergangenheit.

Dass dieses Aufblühen jüdischer Geschichtsschreibung nach der Vertreibung aus Spanien ein Novum darstellte, fühlte man schon bald. Das Bewusstsein des Neuen drückt sich besonders deutlich in folgendem Passus bei Josef Ha-Kohen aus, dessen jubelnder Tonfall bewusst an Deborahs Lied in der Bibel anklingt:

> »Mein ganzes Volk weiß, dass in Israel kein Autor erschienen ist, den man mit Josippon, dem Priester, vergleichen könnte, der vom Krieg des Landes Judäa und von Jerusalem schrieb. Es folgten keine Chronisten in Israel, es gab keine mehr, bis ich, Josef, kam, bis ich kam, ein Chronist in Israel! Und ich setze mein Herz darein, zum Gedenken die ganze Drangsal in ein Buch zu schreiben, die über uns gekommen ist in den Ländern der Ungläubigen seit dem Tag, da Juda aus seinem Land ins Exil musste, bis auf den heutigen.«[102]

Trotz aller Übertreibungen ist der Abschnitt eine genaue Analyse wert. Josef Ha-Kohen kannte die historischen Werke anderer Autoren und stützte sich auf sie (»Nach der Ernte sammelte ich Ähren, soviel ich finden konnte.«). Dennoch meint er, dass mit ihm etwas Neues beginnt: Nach *Josippon* – vergessen wir nicht, dass *Josippon* für ihn Josephus Flavius aus dem ersten Jahrhundert war – »folgten keine Chronisten nach in Israel«. Es klingt, als stelle er damit nur etwas allgemein Bekanntes fest (»mein ganzes Volk weiß«), und er tritt erstaunlich selbstbewusst auf: Geschichtsschreibung ist für die Juden etwas Neues, ein Neubeginn nach einer sehr langen Unterbrechung. Woher kommt dieses Gefühl, wenn es doch, wie er selbst indirekt zugibt, auch in früheren Zeiten einige historische Werke gab? Was war das Besondere an seiner Art der Geschichtsschreibung, dass er meinte, sich als ersten jüdischen Historiker seit Josephus bezeichnen zu sollen? Da es uns nicht allein um Josef Ha-Kohen geht, wollen wir gleich die umfassendere Frage nach dem Neuartigen in der jüdischen Geschichtsschreibung des 16. Jahrhunderts überhaupt stellen.

Zunächst einmal umspannen diese Werke sehr viel größere Zeiten und Räume als bisher üblich. Es geht nicht mehr nur um eine einzelne Verfolgung oder ein bestimmtes Geschehen, sondern man unternimmt im Rahmen des verfügbaren Wissens den Versuch, in weit ausholender, detaillierter Schilderung viele Jahrhunderte zusammenhängend darzustellen.

Neu ist ferner, dass die nachbiblische Geschichte der Juden eine bedeutende Rolle spielt. Erstmals spüren wir ein großes Interesse am ganzen Gang der jüdischen Geschichte, von der Zerstörung des Zweiten Tempels bis zur Zeit des Verfassers selbst. In *Schewet Jehuda* geht es fast ausschließlich um Dinge, die sich seit diesem Verlust der jüdischen Unabhängigkeit, und zwar insbesondere im Mittelalter, abgespielt hatten. Josef Ha-Kohen sagt zu Beginn von *Emek Ha-Bacha*: »Und es geschah, nachdem aller Glanz von Jerusalem gewichen war.« Wenn er am Anfang von *Dibrey hayamin* »Adam zeugte Seth«

schreibt, so nur deshalb, um auf die Genealogie der Völker zu kommen; schon eine halbe Seite weiter ist er im 7. Jahrhundert n. u. Z. und mitten in der islamischen Expansion. Usques portugiesisches Werk ist deutlich in drei Epochen eingeteilt, die nicht etwa den Gruppierungen der Schriftgelehrten und Weisen entsprechen, sondern sich nach den großen Wellen der jüdischen Geschichte bestimmen: Auf die Ära des Ersten und die des Zweiten Tempels folgt als drittes eine Epoche »aller Bedrängnisse, die Israel seit dem Verlust des Zweiten Tempels, den die Römer zerstörten, bis auf den heutigen Tag erduldet hat«. Dieser dritten Epoche räumt Usque ebenso viel Raum ein wie den beiden anderen zusammen.

Geändert hat sich also auch die Einstellung zur Geschichte der Juden im Exil. Die jüdischen Historiker im 16. Jahrhundert sind zwar, genau wie frühere Generationen, überzeugt, dass »wir wegen unserer Sünden ins Exil mussten« und dass »die Väter saure Trauben gegessen haben und den Kindern die Zähne stumpf geworden sind«, halten dies aber nicht für einen Grund, die Geschichte eben dieser Söhne zu übergehen. Ganz im Gegenteil, sie befassen sich sehr ausgiebig damit und verleihen so allem, was im Lauf des Mittelalters geschehen war, neuen Wert. Instinktiv scheinen sie zu erkennen, dass diese Ereignisse erinnernswert sind, weil auch sie für die Gegenwart und die Zukunft eine Bedeutung haben, die dem entgeht, der immer nur den Blick auf die alten Zeiten lenkt. Dies markiert eine einschneidende Veränderung in den Ansichten. Neu ist schließlich auch das wiedererwachende Interesse an der Geschichte anderer Völker, besonders der zeitgenössischen; hier verbindet sich auf nicht-jüdische Geschichte gerichteter Wissensdrang mit der Ahnung, dass das Schicksal der Juden auch vom Spiel der Kräfte zwischen den Großmächten beeinflusst wird. In diese Kategorie gehören Werke wie Capsalis Chronik Venedigs und vor allem die umfangreichen Teile seines *Seder 'Eliyahu Zuta*, die die Geschichte des Osmanischen Reiches zum Gegenstand haben.[103] Eigentlich kann man dieses Werk trotz aller traditionellen theologischen Grundannahmen als ersten, wenn auch noch unbeholfenen Versuch werten, jüdische Geschichte im Rahmen der allgemeinen Geschichte zu schreiben. Von Josef Ha-Kohen stammen neben der Chronik der französischen und türkischen Herrscher auch hebräische Übersetzungen (mit eigenen Ergänzungen) von Francisco López de Gómaras Darstellungen der Eroberung Perus und Mexikos durch die Spanier, *Historia general de las Indias (Ha-Indiah Ha-Hadascha)* und *La conquista de México (Sefer Fernando Cortes)*.[104] Des Weiteren sind in diesem Zusammenhang bestimmte Abschnitte in Zacutos *Sefer Juchasin* und in Ibn Jahjas *Schalschelet Ha-Qabbalah* zu nennen sowie natürlich der ganze zweite Teil von David Gans' *Zemah David*.[105]

Die jüdische Geschichtsschreibung machte also nach der Vertreibung aus Spanien insgesamt einen großen Sprung nach vorn. Doch bei allem Fortschritt sollte man ihre Leistungen nicht überbewerten; mit dem kritischen Bewusstsein, das die beste allgemeine Geschichtswissenschaft der Zeit kennzeichnet, kann die jüdische nicht konkurrieren. Außerdem bedeuten diese zehn so schnell nacheinander entstandenen historischen Werke zwar nach jüdischen Maßstäben eine ungewöhnliche Entfaltung historiografischer Aktivität, stellen aber doch nur einen kleinen Bruchteil der gesamten jüdischen Literatur des 16. Jahrhunderts dar.

Solche Vorbehalte entheben uns jedoch nicht der Pflicht, dieses historiografische Korpus als eine der jüdischen Reaktionen auf das Trauma der Vertreibung aus Spanien zu analysieren. Aus dieser Perspektive erkennt man einen wichtigen, wenn auch noch tastenden Versuch, einem deutlicheren Bewusstsein von der historischen Dimension des eigenen Daseins den Weg zu bahnen. Wer will sagen, wohin dieses an sich zukunftsträchtige Phänomen noch hätte führen können? Es kam jedoch über den Ansatz nicht hinaus, sodass wir im Rückblick von einem gescheiterten Versuch sprechen müssen. Das Scheitern ist letzten Endes nicht den Historikern anzulasten, obgleich deren Grenzen auf der Hand liegen. Im Einzelnen geht es um Folgendes.

Abgesehen von Asarja de' Rossi und Salomo Ibn Verga entwickelten sie weder neue Methoden zum Studium der Vergangenheit noch neue Begriffssysteme zum Verständnis der jüdischen Geschichte. Trotz aller Neuerungen gelang es ihnen nicht, sich von Denkweisen und Vorstellungen zu befreien, die bei den Juden seit Langem tief verwurzelt waren. Wie wir festgestellt haben, maß man Ereignissen nach der Zerstörung des Zweiten Tempels jetzt mehr Bedeutung bei, meistens aber nicht etwa, weil kausale Zusammenhänge interessierten, sondern weil die Historiker in diesen Ereignissen nach Hinweisen, Konstellationen und Bedeutungen suchten, die über sie hinausweisen. Samuel Usque beispielsweise sah die Bedeutung seiner historischen Berichte nicht darin, dass sich womöglich Verbindungen zwischen einzelnen Ereignissen herstellen ließen; er war vielmehr überzeugt, dass es sich dabei um die Erfüllung alter Prophezeiungen handelte, in denen das Schicksal des jüdischen Volkes in der Verbannung vorausgesagt worden war. Er glaubte, mittlerweile hätten sich sogar die schlimmsten Vorhersagen der Bibel erfüllt, sodass die Erlösung nun bevorstünde; es fehlte nur noch eine Voraussetzung, nämlich dass die Marranen in Portugal sich wieder offen zum Judentum bekannten.

Messianisches schwingt auch bei Josef Ha-Kohen mit, wenn auch verhalten und oft verdeckt. Ein Passus, der sich sowohl in *Emek Ha-Bacha* als auch in *Dibrey Ha-Yamin* findet, deutet das messianische Bezugssystem der beiden Werke an. Es heißt da: »Die Vertreibungen aus Frankreich und diese äußerst bittere Verbannung [aus Spanien] haben mich dazu getrieben, dieses Buch zu verfassen, auf dass die Kinder Israels wissen mögen, was [die Ungläubigen] uns angetan haben in ihren Ländern, ihren Gerichtshöfen und Schlössern, *denn siehe, der Tag ist nahe.*«[106] Hinter der »Geschichte der Könige von Frankreich und der osmanischen türkischen Sultane« steckt eine altehrwürdige apokalyptische Tradition. Die endzeitlichen Elemente lässt Josef Ha-Kohen zwar typischerweise nicht in den Vordergrund treten, doch geht es in seinem Buch keineswegs lediglich um französische und türkische Geschichte; er versucht vielmehr den uralten Kampf zwischen Christentum und Islam nachzuzeichnen, wobei er in Frankreich und dem Osmanenreich die derzeitigen Führungsmächte sieht. Vordergründig geht es um die Geschichte der Franzosen und der Türken; dahinter steht, verdeckt, die Überlieferung von Gog und Magog.[107]

Eliyah Capsalis Absicht liegt dagegen offen zutage, denn in *Seder 'Eliyahu Zuta* dominiert das messianische Thema. Das ganze Werk ist glühendste messianische Geschichtsschreibung; Typologie und Sprache sind biblisch-messianisch geprägt, und die türkischen Sultane sind nach dem Erlöserbild Kyros' des Großen geformt, der den Juden die Rückkehr aus der babylonischen Gefangenschaft ins Land Israel ermöglicht hatte.[108]

Ibn Vergas *Schewet Jehuda*, ein in mancherlei Hinsicht kühnes und originelles Werk, weist dagegen keinerlei messianische Züge auf. Unter den Historikern, die uns hier beschäftigen, war Ibn Verga der einzige, der den Begriff des ›natürlichen Grundes‹ (*Ha-Sibbah Ha-Tib'it*) aus der Philosophie und Naturwissenschaft in die Geschichtsbetrachtung übernahm. Auch bei der Erforschung der tatsächlichen weltlichen Gründe für die Vertreibung aus Spanien ging er am weitesten. Dennoch ist die gelegentlich vertretene Auffassung, Ibn Verga sei Rationalist mit einem im wesentlichen säkularisierten Bild der jüdischen Geschichte gewesen, völlig falsch. Wenn er mit ›natürlichen Gründen‹ arbeitet, heißt das keineswegs, dass für die göttliche Vorsehung kein Raum mehr wäre.[109] Bei aufmerksamer Lektüre von *Schewet Jehuda* zeigt sich auch, in welchem Maße Ibn Verga noch Vorstellungen verpflichtet war, die sich vor vielen Generationen in der spanisch-jüdischen Aristokratie gebildet hatten und den historischen Gegebenheiten seiner Zeit längst nicht mehr entsprachen.[110]

Die erörterten Aspekte mögen aus heutiger Sicht zwar nicht eben fortschrittlich wirken, schmälern aber nicht die Leistung dieser Historiker. In den Anfangsphasen fast jeder kulturellen Entwicklung muss man immer mit einer Mischung von Altem und Neuem rechnen. Bestimmend für das Schicksal der jüdischen Geschichtsschreibung im 16. Jahrhundert wurde letztlich ein kulturelles Erbe ganz anderer Art – die Einstellung der Juden zu Geschichtswerken überhaupt.

Schon im letzten Kapitel habe ich ausgeführt, dass die Historiografie bei den Juden im Mittelalter nie zu einer legitimen, anerkannten Literaturgattung wurde. Das bedeutet, dass die Historiker keine vorgeprägte Form für ihre Werke vorfanden, sieht man einmal von Abraham Zacuto und Gedaliah Ibn Jachja ab, die sich der vertrauten Konventionen der »Traditionskette« bedienten. So musste sich jeder Einzelne eine eigene Form schaffen; das erschwerte zwar die Aufgabe, war aber nicht der Grund des Scheiterns. Entscheidend war vielmehr die jahrhundertealte Geringschätzung historischer Werke jeder Art bei der überwiegenden Mehrheit der Juden. Unsere Autoren waren zweifellos von der Bedeutung und dem Ernst ihres Unterfangens überzeugt (auf gelegentliche Gegenbehauptungen aus ihren eigenen Reihen komme ich gleich zu sprechen), doch es ist fraglich, ob die breite jüdische Öffentlichkeit das Anliegen richtig verstand und gebührend ernst nahm.

Natürlich kann man die damaligen Leser heute nicht mehr befragen, aber auf indirektem Wege lässt sich teilweise doch ermitteln, womit unsere Autoren zu kämpfen hatten. Den meisten hier erörterten historischen Werken ist ein Vorwort vorangestellt, in dem sich der Verfasser einerseits umständlich dafür entschuldigt, dass er sich überhaupt mit der Geschichte befasst, andererseits eben dafür eine Fülle von Gründen anführt. Warum das alles? Weil diese Historiker ihr Publikum genau kannten. Selbst Zacuto, der sich doch auf eine literarische Tradition berufen konnte, in der auch berühmte rabbinische Gelehrte der Vergangenheit gestanden hatten, fühlte sich zu folgender *Captatio benevolentiae* bemüßigt: »Ich darf mir nicht anmaßen zu behaupten, es handle sich um eine profunde Wissenschaft, denn wegen meiner Sünden, aufgrund der vielen Verfolgungen und weil ich kein gesichertes Auskommen habe, fehlt es mir an Kraft und Weisheit.«[111] Um wieviel mehr musste da David Gans um Verständnis betteln, wenn er eine detaillierte Chronologie der Völker der Ungläubigen vorlegte.[112] Diese und andere Entschuldigungen gehen weit über das damals übliche Maß literarischer Bescheidenheitsfloskeln hinaus. Es geht nämlich im Grunde nicht um das Können des Verfassers, sondern *um den Wert des Unterfangens an sich*. Alle diese Einleitungen klingen ähnlich. Es ist, als ob der Historiker in einem Atem sagte: »Geneigter Leser, wir wissen zwar beide, dass das, worüber ich schreibe, unwichtig ist, es ist aber dennoch wichtig ...«.

Vielsagend und nicht ganz so seltsam ist ein Beispiel in der Erstausgabe von *Dibrey Ha-Yamim* (Sabbioneta 1554). Wir erinnern uns an Josef Ha-Kohens triumphierenden Ausruf im Vorwort: »Es folgten keine Chronisten nach in Israel, es gab keine mehr ... bis ich kam.« In frühen Drucken lohnt es sich immer, Vorangestelltes genau zu lesen. Im vorliegenden Fall finden sich neben der Einleitung des Verfassers folgende Verszeilen:

> »Als der Neffe des Verfassers, Zerahia Halevi,
> die Pracht dieses Buches sah und den Nektar seiner honigtriefenden Worte,
> kam der Herr über seinen Geist, und er hub an zu reden.
> Er öffnete den Mund mit Lied und Gesang und erklärte:
> *Wer sich an einer Zeit erfreut, die vor der unseren war, nehme diese Begebenheiten der Tage und lese sie, wenn der Schlaf ihn flieht ...«.*[113]

Man könnte sich in einem Gedicht, das ein Buch anpreisen will, sicher eine enthusiastischere Empfehlung vorstellen als die, es sei ein Rezept gegen Schlaflosigkeit. Zerahia Halevi spielt unverkennbar auf eine Bibelstelle an (Esther 6,1: »In derselben Nacht floh der Schlaf den König. Da gebot er, daß man bringe das Buch der Denkwürdigkeiten, der Zeitgeschichte ...«, doch es geht hier nicht einfach um einen literarischen Kunstgriff. Der Text ist beim Wort zu nehmen, d. h. als Aufforderung, historische Chroniken dann zu lesen, »wenn der Schlaf flieht« (*bi-Nedod Schenah*). Sonst nämlich wäre eine derartige Lektüre frivole Zeitverschwendung, da es sich ja nicht um die ernsthafte Vertiefung in heilige Texte handelt. Zerahia drückt damit eine weitverbreitete Auffassung aus. Tam Ibn Jahja bewunderte das *Josippon* gewiss, versäumte aber in seiner Einleitung dazu nicht den Hinweis, dass vor allem »Kaufleute, die ganz im weltlichen Erfolg aufgehen und sich in ihrer Muße nicht der Tora zuwenden, die Lektüre genießen werden«.[114]

Von allen diesen historischen Werken wurde Ibn Vergas *Schewet Jehuda* das populärste. Ich habe nicht weniger als 17 zwischen der Mitte des 16. und dem frühen 19. Jahrhundert gedruckte Ausgaben eingesehen, und es dürfte noch mehr geben. Worauf ist dieser außerordentliche Erfolg zurückzuführen? Wie las man das Buch, was sahen die Leser darin? Merkten sie eigentlich, wie radikal es war? Ich bin überzeugt davon, dass nur hier und da ein Leser begriff, worum es Ibn Verga bei seiner Untersuchung der spanischen Vertreibung und der Lage der Juden in der christlichen Gesellschaft ging. Es gibt zahlreiche Hinweise, dass die damaligen Leser sich nicht wegen der aus unserer Sicht zentralen Aspekte für das Buch interessierten, sondern aus anderen Gründen.[115] Es ist z. B. aufschlussreich, die Metamorphose der Texte auf dem Titelblatt zu verfolgen, mit denen der Leser auf die Höhepunkte von *Schewet Jehuda* aufmerksam gemacht werden sollte. Bereits auf dem Titelblatt der über vier Jahrzehnte nach Salomo Ibn Vergas Tod erschienenen Erstausgabe (Adrianopel 1554) findet sich folgende Beschreibung des Werkes von der Hand des Herausgebers, Joseph Ibn Verga, oder des Druckers:

»Dies ist ein Buch von den Generationen Israels und von dem vielen Unglück, das in den Ländern der Völker über die Juden gekommen ist. ... Und daher enthält es Berichte von den blutrünstigen Verleumdungen, deren Falschheit oft erwiesen und bekannt gemacht wurde, sodass Israel gerettet wurde. Auch von religiösen Disputationen im Angesicht von Königen ist die Rede sowie vom Zeremoniell der Einsetzung der Fürsten [d.h. der Exilarchen] zu verschiedenen Zeiten. ... Schließlich wird der Aufbau des Tempels und seiner inneren Bezirke geschildert, der Gottesdienst des Hohepriesters, wenn er vor dem Bußtag in sein Gemach kam, und die Ordnung des Pessachopfers, welches wir noch mit eigenen Augen sehen werden, wie uns versprochen wurde von unserem Schöpfer, dem Herrn des Mitleids.«

Besonders ärgerlich ist an diesem Vorläufer eines modernen Klappentextes, dass äußerlich jedes Detail stimmt, während der Gesamteindruck fast nichts mit dem inneren Geist des Werkes, wie wir ihn sehen, zu tun hat. Bis zur dritten Ausgabe, einer 1591 in Krakau gedruckten jiddischen Übersetzung »für gemeine Hausleute, Männer und Frauen« (*far gemayne Baalebatim, Man un Vayber*), hat sich Sefer *Schewet Jehuda* laut Titelblatt allem Anschein nach in ein Standardwerk der Erbauungsliteratur fürs Volk verwandelt:

»Man wird darin wunderbare Geschichten finden von dem, was unseren Vätern in der Verbannung widerfuhr, wie sie viele Male zu Märtyrern wurden, wobei das Buch auch deutlich macht, zu welchen Zeiten und in welchen Ländern das alles geschah, sodass das Menschenherz zur Gottesfurcht geführt wird. Möge der Herr, gepriesen sei Er, in seiner unendlichen Güte und Gnade Sein Volk weiter vor allem Übel schützen und uns den Erlöser senden, Messias Davidssohn, geschwind und in unseren eigenen Tagen.«

Es ließen sich weitere Beispiele anführen, doch das Entscheidende ist bereits klar: Im 16. Jahrhundert hatten die Leser im Grunde keine andere Einstellung zur Geschichtsschreibung als in früheren Epochen. Historische Werke galten als amüsante Zerstreuung für Mußestunden, bestenfalls auch als Mittel moralischer Erbauung. Der Gattungsbegriff für Werke zur Geschichte ungläubiger Völker war ›Kriegsbücher‹ (*Sifrey Milhamot*), und in der halachischen Literatur stritt man sich weiter, ob man sie lesen dürfe und gegebenenfalls wann und in welcher Sprache.[116]

Es gibt allerdings im 16. Jahrhundert ein jüdisches historisches Werk, das ernst genommen wurde und interessante Reaktionen auslöste, obgleich es keine Chronik war. Ich denke an Asarja de' Rossis Sammlung historischer und philologischer Aufsätze unter dem Titel *Meor Enajim*, ›Augenleuchte‹. Dieses Werk steht im Gegensatz zu den anderen nicht in Verbindung zur spanischen Vertreibung und der durch sie ausgelösten geistigen Krise. Es ist vielmehr die Frucht einer kreativen Begegnung zwischen der jüdischen Tradition und der Kultur der italienischen Renaissance im Geist eines italienischen Gelehrten und Arztes. Zahlreiche Bücher von der Hand italienischer Juden kommen im Mäntelchen humanistischer Gelehrsamkeit daher; *Meor Enajim* aber ist durchaus vom Geist des Humanismus durchdrungen und bedeutet den Anfang echter historischer Kritik. Es ist vor allem deshalb das kühnste Werk der jüdischen Historiografie im 16. Jahrhundert, weil Asarja eigentlich nicht bereit ist, zwischen seiner jüdischen und seiner Allgemeinbildung von vornherein Grenzlinien zu ziehen, sondern zulässt, dass diese Welten aufeinanderprallen, und die Schlussfolgerungen, die sich daraus ergeben, gelten lässt.

In unserem Zusammenhang bietet das Buch aufschlussreiche Hinweise auf Publikum und geistiges Klima der Zeit. Asarja achtet durchweg auf die öffentliche Meinung, schreibt äußerst vorsichtig und ist auch, solange keine fundamentalen

Prinzipien berührt sind, durchaus kompromissbereit. Immer wieder hält er inne, um sich mit denkbaren Einwänden seiner Leser auseinanderzusetzen. So heißt es z. B. bei der Erörterung verschiedener Talmudstellen zum Massaker an den Juden von Alexandria:

> »Kehren wir nun zur Stadt Alexandria zurück. Wir haben drei verschiedene Passagen dazu vor Augen, denn im Jerusalemischen Talmud heißt es, der böse Mörder sei der Kaiser Trajan gewesen ... und im Babylonischen Talmud heißt es im Traktat *Sukka,* es sei Alexander von Makedonien gewesen, während im Traktat *Gittin* eine andere Meinung geschrieben steht, dass es nämlich Hadrian gewesen sei. Und wenn wir uns nun daran gemacht haben, die [historische] Wahrheit dieser Dinge zu untersuchen, so tun wir das nicht um der Sache an sich willen, denn was war, war [*mai dehavah havah*], sondern nur weil wir besorgt sind, wenn sich die Worte unserer Weisen bei der Erzählung bekannter Ereignisse zu widersprechen scheinen.«[117]

Weiter unten im selben Kapitel heißt es:

> »Wie dem auch sei, selbst wenn wir zugeben müssten, dass einige Geschichten den Weisen mit einer gewissen Verzerrung zu Ohren kamen und sie sie uns so erzählten, so tut das ihrer Bedeutung doch nicht den geringsten Abbruch. ... Und wenn auch dieses Kapitel hauptsächlich aus eitlen Untersuchungen besteht [*Haqirot shel Mah be-Khakh*], denn man wird sagen, ›was war, war, und es hat keine Bedeutung für Gesetz oder Regel‹, so sehnt sich der geläuterte Geist doch danach, von allem die Wahrheit zu wissen.«[118]

Dann wiederum schreibt Asarja anlässlich seiner Kritik der Berechnung der traditionellen jüdischen Schöpfungszeit:

»Bevor wir diesem Thema den Rücken kehren, wird deutlich werden, dass die Art und Weise, in der sie, deren Andenken gepriesen sei, die Jahre berechneten, als edle Wissenschaft galt, deren Wert jeder Gebildete kannte und hochhielt. Ich sehe aber voraus, geneigter Leser, dass du dir sagst: ›Aber solch eine Untersuchung ist doch gewiss sehr weit hergeholt [*Hilkheta de-Meshiha*, d.h. wörtlich ›Gesetz für die Zeit des Messias‹] oder noch schlimmer, denn was haben wir mit alledem zu tun, wenn man bedenkt, dass was war, war, vor vielen tausend Jahren oder mehr?‹«[119]

Es gibt viele derartige Passagen in *Meor Enajim*, und sie lassen deutlich erkennen, mit welchen Reaktionen seitens seiner Leser Asarja rechnete. Bedenken hatte er in zweierlei Hinsicht. Vor allem meinte er, dass sie von historischen Studien prinzipiell nicht viel hielten. Die Wendung »was war, war« scheint für ihn der Inbegriff der jüdischen Einstellung zu sein, und sie taucht im Buch so häufig auf, dass sie wie ein Refrain wirkt. Im Besonderen aber ahnte er, dass das Werk inhaltlich teilweise als Herabsetzung der talmudischen Weisen aufgefasst werden könnte.

Es sollte mit seinen Sorgen recht behalten. Die ersten Angriffe kamen noch während das Buch im Druck war.[120] In einer Reihe jüdischer Gemeinden in Italien wurde es von den Rabbis verboten.[121] Es handelte sich zugegebenermaßen um ein mildes Verbot, welches nur das Buch betraf und den Autor ungeschoren ließ. Andernorts waren die Reaktionen schärfer, Äußerungen des Unmuts wurden in Prag und dem fernen Safed in Palästina laut.[122] Zwar erhoben sich auch Stimmen, die das Werk in Schutz nahmen, doch bleibt zu fragen, weshalb es überhaupt zu einem Entrüstungssturm kam. Asarja war ja kein Ketzer, sondern ein angesehener Gelehrter, dessen persönliche Frömmigkeit niemand bezweifelte. Mantua, ein Zentrum jüdischer Intelligenz, war, was kulturelle Strömungen anbelangte, auf der Höhe der Zeit, und die meisten der italienischen Rabbis, die das Verbot unterschrieben, waren keine Obskurantisten, sondern fühlten sich auch in der weltlichen Kultur zuhause.

Lag der Stein des Anstoßes etwa wirklich darin, dass Asarja die Geschichte von der Mücke, die durch die Nase in Titus' Kopf gelangte und ihn schließlich umbrachte, ins Reich der Legende verwies?[123] Asarja selber berichtet von Juden, die sein Argument aufs schärfste kritisierten und darin eine Beleidigung der Weisen sahen. Konnte aber die kritische Auseinandersetzung mit einer derartigen Legende im 16. Jahrhundert tatsächlich etwas so Neues sein? Gab es nicht im Judentum schon längst anerkannte philosophische und kabbalistische Traditionen, in denen rabbinische Legenden nicht wörtlich genommen, sondern rational bzw. mystisch neu interpretiert wurden, und zwar manchmal so, dass die Fetzen flogen? In welcher Weise also hatte Asarja de' Rossi die Grenzen des Erlaubten überschritten?

Meines Erachtens nicht mit der Kritik an sich, sondern durch Ansatzpunkt, Methode und Schlussfolgerungen. Kritik und Interpretation der Aggada auf philosophischer bzw. kabbalistischer Grundlage waren seit Langem erlaubt, wenn es freilich auch noch in Asarjas Zeit Juden gab, die dergleichen ablehnten.[124]

Grundsätzlich neu war bei seiner Methode der Versuch, rabbinische Legenden nicht im Licht der Philosophie oder der Kabbala zu untersuchen, die für ihre jeweiligen Anhänger Quellen der Wahrheit darstellten, sondern die profane Geschichte heranzuziehen. Diese aber offenbarte nur für eine verschwindend kleine Minderheit eine Wahrheit, an welcher man auch die Worte der Weisen messen konnte. Dieser Ansatz allein wäre schlimm genug gewesen, doch Asarja ging so weit, auch auf außerjüdische Quellen, auf die Werke griechischer, römischer und christlicher Schriftsteller zurückzugreifen. Vor allem entrüstete man sich darüber, dass er vor Schlussfolgerungen aus den vergleichenden Untersuchungen selbst dann nicht zurückschreckte, wenn sie so heikle Fragen wie die Berechnung des Kalenders berührten. Bei der Mücke des Titus verwarf er metaphorische oder allegorische Deutungen und lehnte es ab, die Legende durch irgendeine Art der Vergeistigung zu retten. Unter Berufung auf die Aussagen römischer und anderer Autoren über Titus' Todesursache bezeichnete er die Geschichte schlicht als historisch *unwahr*. Eine derartige historische Kritik aber konnten Asarjas jüdische Zeitgenossen nicht hinnehmen, geschweige denn sich zu eigen machen. Vielmehr lässt sich sogar gewisse Toleranz der italienischen Juden darin erkennen, dass das Verbot des Buches (man musste eine Sondergenehmigung einholen, wenn man es lesen wollte) nicht strikt durchgesetzt wurde. Einzelne Leser fand *Meor Enajim* auch in den folgenden Generationen; Asarjas Experiment aber blieb ein Einzelfall, seine Methode machte keine Schule.

Diese Wirkungslosigkeit ist in einem gewissen Sinne für die ganze jüdische Geschichtsschreibung des 16. Jahrhunderts kennzeichnend. Wenn wir alle erörterten Aspekte Revue passieren lassen, kommen wir zu einem Schluss, welcher nicht der Ironie entbehrt. Man könnte zusammenfassend und vereinfachend sagen, dass eine eingehende Untersuchung der jüdischen Historiografie dieser Zeit keineswegs zunehmendes Interesse der Juden am Schreiben und Lesen historischer Werke zutage fördert, geschweige denn die Entwicklung eines neuen historischen Bewusstseins belegt. Es wird im Gegenteil deutlich, dass sich bei der Mehrheit an der traditionellen Einstellung zur Geschichte überhaupt nichts änderte. Im Rückblick erkennen wir eine plötzliche Blütezeit, der ein ebenso abrupter Niedergang folgte. Historisches Interesse und historiografische Kreativität waren wieder erlahmt, die nächsten zweihundert Jahre brachten nichts Vergleichbares. Die Chroniken, die nach dem 16. Jahrhundert entstanden, gingen keine neuen Wege.[125] Das Gedächtnis bewegte sich weiter in den Bahnen, die wir bereits kennengelernt haben. Diejenigen

Juden, die am Ende des Jahrhunderts im Leiden der Juden in der Geschichte und in der langen Verbannung immer noch einen Sinn suchten, fanden ihn in der Kabbala Isaak Lurias und seiner Anhänger, die von der Stadt Safer in den Bergen Galiläas aus schnell die ganze jüdische Welt ergriff. Es war gewiss kein Zufall, dass ein Volk, welches immer noch nicht auf den Gedanken kam, sein Selbstverständnis in profanen historischen Kategorien zu suchen, jetzt den Schlüssel zur eigenen Geschichte in einem gewaltigen metahistorischen Mythos höchst gnostischer Prägung finden sollte. Dieser Mythos besagte, dass alles Böse, also auch das historische Böse der jüdischen Verbannung, seine Wurzeln vor dem Anfang der Geschichte, vor dem Anlegen des Gartens Eden, vor der Existenz unserer Welt, in einem tragischen Urmakel hatte, der schon bei der Schöpfung des Kosmos an sich entstand.[126]

Ich will damit nicht etwa behaupten, die Geschichtsschreibung des 16. Jahrhunderts und Lurias Kabbala hätten bewusst miteinander konkurriert und die Kabbala den »Sieg davongetragen«. Zwar hatte beides letzten Endes mit der spanischen Vertreibung zu tun, doch es handelte sich um verschiedene Reaktionen mit jeweils eigener innerer Dynamik. Die Gegenüberstellung soll nicht etwa einen organischen Bezug aufdecken, sondern Licht auf die Mentalität der Juden werfen, bei deren Verständnis sich die Erkenntnis, dass der historiografische Ansatz im Sande verlief, während der lurianische Mythos immer weiter Kreise des Judentums erfasste, als hilfreich erweist. Was immer Lurias Kabbala (deren kühnen Ansatz und überwältigendes Pathos Gershom Scholem uns vorgeführt hat) den Juden bedeutet haben mag, ihre schnelle Aufnahme in der jüdischen Welt ist an sich schon bedeutsam. Die Masse der Juden war eindeutig nicht willens, Geschichte ohne Transzendenz gelten zu lassen. Es ist, als sei die jüdische Geschichte durch die Tragödie der Vertreibung aus Spanien undurchsichtig geworden; selbst aus religiöser Sicht, die ja auch für die meisten Historiker galt, ließ sich aus der Geschichte kein befriedigender Sinn mehr ablesen. Andererseits waren die Juden offensichtlich geistig und seelisch für die Botschaft der lurianischen Kabbala bereit – für eine mythische Interpretation der Geschichte jenseits der Geschichte nämlich, welche dem Einzelnen die Macht zu verleihen schien, die messianische Aufhebung der Geschichte durch aktives Mitwirken möglichst schnell herbeizuführen.

Die damalige jüdische Geschichtsschreibung ist ebenso wie die Kabbala des 16. Jahrhunderts für uns ›Geschichte‹ geworden. Beides liegt gleich weit zurück, beides ist mittlerweile selbst Gegenstand historischer Forschung. Wenn wir uns aber nicht als Kabbalisten, sondern als Historiker bezeichnen, sollten wir uns deshalb nicht täuschen und meinen, das eine habe über das andere gesiegt. Denn die Wurzeln der modernen jüdischen Geschichtswissenschaft liegen anderswo.

Auch durch die Tatsache, dass die *Maskilim*, die Vertreter der jüdischen Aufklärung, *Meor Enajim* 1794 in Berlin neu drucken ließen, dürfen wir uns nicht täuschen lassen. Denn man stand bereits am Vorabend der Revolution, welche die Entstehung der modernen Geschichtswissenschaft in Deutschland bedeutete. Seit über zwei Jahrzehnten schon erschien in Göttingen das *Historische Journal*, Barthold Niebuhr war 18 Jahre alt, Leopold von Ranke sollte im nächsten Jahr zur Welt kommen. Diese Männer und ihresgleichen, nicht Asarja de' Rossi, sind die Väter des modernen jüdischen Historikers. Wie dieser sein Erbe antrat und was er daraus machte, ist eine eigene Untersuchung wert. Wir sind jetzt wohl imstande, uns mit diesen Fragen auseinanderzusetzen.

Das Unbehagen in der modernen Geschichtsschreibung

»Du hattest aus der kleinen ghettoartigen Dorfgemeinde wirklich noch etwas Judentum mitgebracht, es war nicht viel und verlor sich noch ein wenig in der Stadt und beim Militär, immerhin reichten noch die Eindrücke und Erinnerungen der Jugend knapp zu einer Art jüdischen Lebens aus ... Auch darin lag noch genug Judentum, aber zum Weiter-überliefert-werden war es gegenüber dem Kind zu wenig, es vertropfte zur Gänze, während Du es weitergabst.«

Franz Kafka, »Brief an den Vater«

»So hat sich eine Situation entwickelt, die für die Menschen reichlich paradox ist: Die Grenzen der Vergangenheit sind weiter zurückgedrängt worden als je zuvor, und unser Wissen von der Geschichte des Menschen und der Welt hat sich in einem Maße erweitert, wie es sich frühere Generationen nicht hätten träumen lassen. Gleichzeitig hat unser Gefühl einer Identität und Kontinuität aus der Vergangenheit heraus – sei es persönlich, sei es historisch – immer weiter abgenommen. Frühere Generationen wussten über die Vergangenheit weit weniger als wir, empfanden aber womöglich ein viel stärkeres Gefühl von Identität und Kontinuität.«

Hans Meyerhoff, Time in Literature

Als Historiker bin ich unter den Juden ein neuartiges Wesen, dessen Ahnenreihe nur bis ins zweite Jahrzehnt des 19. Jahrhunderts zurückreicht. In der langen Geschichte der Juden bin ich also vielleicht nicht gerade ein Kuckucksei, aber gewiss ein Parvenu. Schon dass ein Jude Professor für jüdische Geschichte ist, ist etwas Neues. Der erste entsprechende Lehrstuhl an einer nichttheologischen Universität im Westen wurde erst 1930 eingerichtet, als mein eigener Lehrer, Salo Wittmayer Baron, die Miller-Professur an der New Yorker Columbia University erhielt. Das völlig Neue liegt aber in meinem Forschungsgegenstand, den Forschungs- und Lehrmethoden und Veröffentlichungen meiner Zunft. Mir ist ständig bewusst, dass allein die Art, in der ich mich mit der jüdischen Vergangenheit auseinandersetze, einen radikalen Bruch mit dieser Vergangenheit bedeutet.

Es ist bezeichnend, dass der erste Versuch in der Neuzeit, eine umfassende und zusammenhängende nachbiblische Geschichte der Juden zu schreiben, nicht von einem Juden unternommen wurde, sondern von einem französischen Hugenotten, Jacques Basagne, einem Geistlichen und Diplomaten, der in Holland Zuflucht gefunden hatte.[127] Seine *Histoire du peuple Juif depuis Jésus Christ jusqu'à présent, pour servir de continuation à l'histoire de Joseph* erschien 1706 bis 1711 in sieben Bänden in Rotterdam und in einer erweiterten 15-bändigen Ausgabe 1716 bis 1721 in Den Haag. Heute liest kaum einer Basagnes Werk, und zwar aus gutem Grund. Mit unserer Vorstellung von kritischer Geschichtsschreibung hat es fast nichts zu tun, Archivmaterial wurde nicht herangezogen, und die christliche Grundannahme, dass sich die Juden letzten Endes doch bekehren würden, steht außer Frage. Andererseits gab es vorher nichts Vergleichbares, wie auch Basagne sehr wohl wusste. »Ich wage zu behaupten«, schreibt er, »dass unter den Juden selbst kein Historiker aufgetreten ist, der so viele Tatsachen über ihr Volk zusammengetragen hat.«[128] Er beklagt, wie wenig verlässliches Material es gibt. Zu den Werken der ›Traditionskette‹ merkt er an, sie hätten »verankert nur an der Reihe der Personen, die die Tradition von Mund zu Mund weitergaben, die Namen bewahrt und das Übrige häufig vernachlässigt«.[129] Auch die jüdischen Historiker des 16. Jahrhunderts, meint er, »scheinen von früheren Jahrhunderten nur wenig zu wissen«.[130] Den Stand der Dinge im 18. Jahrhundert veranschaulicht die Tatsache, dass Menahem Man Amilander, ein holländischer Jude, sich ständig auf Basagne stützen musste (den er vielleicht in holländischer Übersetzung kannte), als er seine jiddische Geschichte der Juden verfasste, *Scheyris Yisroel*, die 1743 erschien.[131]

In der zweiten Hälfte des 18. Jahrhunderts breitete sich die Haskala aus, die säkulare Aufklärungsbewegung der fortschrittlich gesinnten deutschen Juden; bei den führenden Vertretern spürt man einen vagen Konsens, dass Geschichtskenntnisse für Juden irgendwie wünschenswert sind. 1782 forderte Naftali Zvi Weisel unter dem Titel *Dibrey Schalom ve'Emet* (»Worte des Friedens und der Wahrheit«) einen neuen jüdischen Lehrplan. Darin fand auch die allgemeine Geschichte Platz, wurde aber bezeichnenderweise folgendermaßen eingeführt:

> »Es geziemt sich, dass diejenigen, die zum Lernen ins Lehrhaus gehen, auch die Reihenfolge der Geschlechter und die vorgefallenen Ereignisse lernen ... denn solches Wissen hilft einem die Worte der Tora zu verstehen, die uns berichtet, wie die ersten Nachfahren Noahs die Erde eroberten, wie die Länder heißen nach den Namen ihrer ersten Bewohner, und die Angelegenheiten Nimrods und Assyriens, ... aber in den Augen eines Menschen, der sich in den alten Chroniken nicht auskennt, ist das alles wie ein Traum ohne Deutung.
>
> [Geschichtskenntnis] verhilft einem auch zur Liebe und Furcht des Herrn, denn wenn einer die Sitten dieser frü-

> hen Völker kennt, … so wird er verstehen, warum der Herr nicht sie erwählt hat und warum er unter ihnen allen allein Abraham auserwählte …
> Ähnlich wird einer aus Geschichtskenntnis weiser, denn wenn er über die Taten der Menschen aller Völker liest, die vor uns waren, so sieht er die Früchte guten Rates, durch den ganze Völker aufblühten … und andererseits sieht er auch die Früchte schlechten Rates, der großen Reiche Niedergang und Sturz bescherte. All dieses Wissen wird das Herz eines Menschen adeln und ihn über die Gedanken der Masse der Narren erheben, die in Tagträumen leben.«[132]

Nach diesem Abschnitt dürfte schon klar sein, dass die moderne jüdische Historiografie nicht aus der Haskala hervorgegangen ist, auch wenn diese Bewegung den Boden bereiten half, indem sie, erst in Deutschland und dann auch in anderen Ländern, die Säkularisierung bedeutender Teile der jüdischen Bevölkerung beschleunigte. Die Haskala selber kam über traditionelle Geschichtsauffassungen im Grunde nicht hinaus. Als im Herbst 1784 die hebräische Zeitschrift der deutschen Haskala, *Ha-Me'assef*, zu erscheinen begann, beschlossen die Herausgeber, in jeder Nummer Biografien berühmter Juden zu bringen. Doch gleich im ersten Band äußerten sie die Sorge, dass vielleicht der Leser »bei sich selbst sagt – ›dies dient keinem Zweck‹ – und uns verdächtigt, es sei unsere Absicht, die Zeitschrift mit Belanglosigkeiten zu füllen«.[133] Also druckten sie einen Aufsatz mit dem Titel »Ein Wort an den Leser über den Nutzen der Geschichte des Lebens in früheren Zeiten und das damit verbundene Wissen«,[134] in dem zwar historischen Studien das Wort geredet, gleichzeitig aber klar gemacht wird, dass die Geschichte an sich keinen selbständigen Wert besitzt, sondern herkömmlichen Fragestellungen untergeordnet bleibt. Viererlei Nutzen wird genannt: ›philosophischer‹ (man begreift die eigene Tradition besser, wenn man andere studiert), ›literarischer‹ (für das rechte Verständnis von Tora und

Talmud), ›politischer‹ (es ist gut fürs Geschäft) und schließlich ›moralischer‹ Nutzen (Kenntnis der Sitten anderer Völker stärkt das Urteilsvermögen in Fragen von Recht und Unrecht). Im Geist, wenn auch nicht im Buchstaben, sind wir wieder bei den Apologien der jüdischen Historiker des 16. Jahrhunderts.

Zwischen Weisel und dem *Me'assef* einerseits und Immanuel Wolfs berühmten Manifest von 1822 »Über den Begriff einer Wissenschaft des Judenthums« andererseits liegen vierzig Jahre, nur eine biblische Generation, aber ein gewaltiger Sprung in eine neue Denkweise.

Ich darf den Entstehungszusammenhang von Wolfs Aufsatz kurz in Erinnerung rufen: Bereits 1817 hatte der 23-jährige Leopold Zunz »Etwas über die rabbinische Literatur« verfasst, einen Artikel mit einem skizzenhaften Programm für eine historische Untersuchung der ganzen jüdischen Kultur anhand aller Spielarten ihrer Literatur, welche dadurch zu einem festen Bestandteil der menschlichen Bildung überhaupt werden sollte.[135] 1819 gründete Zunz mit einer Gruppe anderer junger deutscher Juden – darunter der damals noch nicht getaufte Heine – den Verein für Cultur und Wissenschaft der Juden. Wolfs Aufsatz erschien 1822 in der *Zeitschrift für die Wissenschaft des Judenthums,* dem Organ des Vereins.[136]

Jetzt sind die apologetischen Töne plötzlich verschwunden. Die Geschichte ist nicht mehr die Magd von zweifelhaftem Ruf, deren Dienste man gelegentlich mit schlechtem Gewissen in Anspruch nimmt, sie drängt sich mitten auf die Bühne und fordert selbstbewusst, was ihr zusteht. Jetzt muss erstmals nicht mehr die Geschichte ihren Nutzen für das Judentum beweisen, sondern das Judentum muss seinen Wert vor der Geschichte beweisen, indem es sich historisch offenbart und legitimiert. Wenn Wolf in diesem Aufsatz immer wieder das Wort Wissenschaft im Munde führt, so denkt er vor allem an den neuen historisch-kritischen Geist und die historische Methodik, die damals ganz Deutschland erfassten und bald eines der entscheidenden Merkmale des europäischen Denkens im 19. Jahrhundert werden sollten. Das sollte uns klar sein, wenn wir lesen:

> »Die wissenschaftliche Kunde des Judentums muß über den Werth oder Unwerth der Juden, über ihre Fähigkeit oder Unfähigkeit, andern Bürgern gleich geachtet und gleich gestellt zu werden, entscheiden. Sie allein lehrt den innern Karakter des Judenthums kennen, das Wesentliche vom Zufälligen, das Ursprüngliche vom Hinzugethanen trennen.«

Und weiter, mit eindeutigen Worten:

> »Überall äußert es sich, dass das Grundprincip des Judenthums wiederum in einer inneren Gährung begriffen ist, sich zu einer dem Zeitgeist gemäßen Gestaltung zu entwickeln strebt. Zeitgemäß kann aber diese Entwicklung nur geschehen auf dem Wege der Wissenschaft. Denn der Standpunkt der Wissenschaftlichkeit ist der eigenthümliche unserer Zeit.«

Wolfs explizites Programm für eine Wissenschaft des Judentums sah ein dreifaches, hierarchisch strukturiertes Unternehmen vor: erstens textkritische Untersuchungen, zweitens eine Geschichte des Judentums und drittens eine Philosophie des Judentums, die sich offensichtlich aus dem zweiten Punkt ergeben sollte. Woher stammte dieser neue Geist bei den Juden eigentlich?

Weder, wie mittlerweile klar sein dürfte, aus früheren historischen Schriften oder historischem Denken noch aus einer allmählichen organischen Entwicklung wie im Fall der modernen Geschichtsschreibung an sich, deren Wurzeln bis zur Renaissance zurückreichen. Die moderne jüdische Historiografie entstand fast über Nacht im Zuge der äußeren Assimilation und des inneren Zusammenbruchs, welche das plötzliche

Auftauchen der Juden aus dem Ghetto kennzeichneten. Sie verdankt ihre Existenz nicht wissenschaftlichem Erkenntnisdrang, sondern der Ideologie. Der krisenreiche Kampf um die Emanzipation der Juden rief eine ganze Palette von Reaktionen hervor; eine davon war die jüdische Geschichtsschreibung.[137]

Ich gebrauche den Begriff Assimilation nicht im negativen Sinn und habe bereits betont, dass die kreative Assimilation fremder Einflüsse beim jüdischen Volk oft Früchte getragen hat. Die Kultur der spanischen Juden ist dafür keineswegs das einzige Beispiel. Neu an der Übernahme der historistischen Betrachtungsweise des 19. Jahrhunderts durch die Juden ist nicht die Tatsache einer Begegnung an sich, sondern deren konkrete Inhalte und Folgen.

In diesem Sinn kann ein Vergleich mit dem Mittelalter aufschlussreich sein. Im Mittelalter war es auf vielen Ebenen zu einem Austausch zwischen der Kultur der Juden und der ihrer jeweiligen Umgebung gekommen; die kühnste und tiefste geistige Synthese gab es damals in der Philosophie. Gemessen daran – so stellten wir schon im zweiten Kapitel fest – war das Fehlen jeglichen Austauschs auf dem Gebiet der Geschichtsschreibung umso bezeichnender. In der Neuzeit kehrten sich die Verhältnisse gewissermaßen um: Zwischen jüdischer und allgemeiner Philosophie gibt es kaum echte gegenseitige Durchdringung, während sie sich im modernen Historizismus allenthalben nachweisen lässt. Anders gesagt, der gemeinsame Diskurs und der wechselseitige Einfluss jüdischer, islamischer und christlicher Philosophie im Mittelalter endete in der Neuzeit. In der Moderne treffen sich Juden und Nichtjuden geistig im gemeinsamen Interesse an der Historizität der Dinge. Das führte dazu, dass es heute keinen Bereich jüdischer Forschung gibt, der nicht – soweit er modern ist – »historisch« orientiert wäre; wo dies jedoch der Fall ist, wirkt diese Forschung auch in verwandte nichtjüdische Wissenschaften hinein – ein Prozess, der sich heute ständig beschleunigt.

Zwischen der kulturellen Konfrontation im Mittelalter und in der Neuzeit besteht aber auch ein grundlegender Unterschied. Damals hatten jüdische Philosophen das Bedürfnis, griechische Wahrheit mit jüdischer Offenbarung – von deren Wahrheit sie ebenfalls überzeugt waren – zu versöhnen. Diejenigen Juden aber, die Anfang des 19. Jahrhunderts als erste die Notwendigkeit spürten, das Judentum historisch zu untersuchen, taten dies, weil sie nicht mehr sicher waren, was Judentum ist bzw. ob es, was immer es nun sein mochte, für sie noch einen Sinn haben konnte. Eduard Gans, einer der führenden Köpfe des Vereins, schrieb in einem Bericht des Vorsitzenden:

> »Der Bruch mit der Innigkeit des alten Seins ist zwar vor sich gegangen, aber die tiefere Rückkehr zu dieser Innigkeit hat nicht stattgefunden. Die Begeisterung für Religion, die Gediegenheit der alten Verhältnisse ist geschwunden, aber es ist keine neue Begeisterung hereingebrochen, es hat sich kein neues Verhältnis erbaut.«[138]

Der moderne Versuch, die jüdische Vergangenheit zu rekonstruieren, beginnt zu einer Zeit, in der die Kontinuität jüdischen Lebens einen tiefen Bruch erfährt, was auch einen immer stärkeren Verfall des jüdischen Gruppengedächtnisses bewirkt. Dabei fällt dann der Geschichte eine völlig neue Rolle zu – sie wird zum Glauben ungläubiger Juden. Erstmals wird in Fragen des Judentums statt eines heiligen Textes die Geschichte zur Berufungsinstanz. So gut wie alle jüdischen Ideologien des 19. Jahrhunderts, von der Reformbewegung bis zum Zionismus, beriefen sich zur Legitimierung auf die Geschichte. Wie nicht anders zu erwarten, lieferte ›die Geschichte‹ den Appellanten jeden erwünschten Schluss.

Auch die bahnbrechende Wissenschaft des Judenthums musste anderen Betrachtungsweisen weichen und wurde teilweise völlig verworfen, wie das bis heute versammelte Korpus moderner jüdischer Historiografie belegt.[139] Die gesamte äußere und innere Geschichte der modernen jüdischen Wissenschaft ist erst noch zu schreiben. Allein die Betrachtung der äußerlichen Hindernisse, mit denen jüdische Wissenschaftler im 19. Jahrhundert zu kämpfen hatten, kann noch im Rückblick Bestürzung auslösen. Bibliografische und archivalische Grundlagen mussten fast aus dem Nichts geschaffen werden. Der Zugang zu den Universitäten wurde der nachbiblischen Judaistik systematisch verweigert. Jüdische Wissenschaftler wussten von vornherein, dass ihnen die akademische Laufbahn verschlossen war. War es heroisch oder zwanghaft, wenn sie angesichts von Widerständen, die ihren nichtjüdischen Zeitgenossen ebenso erspart blieben wie ihren glücklicheren Nachfolgern, dennoch nicht aufgaben? Erstaunlich bleibt die Leistung; die bedeutenden Beiträge, die in den Studierstuben entstanden und die die oft tendenziöse oder apologetische Motivation dieser Gelehrsamkeit vergessen lassen. Wenn Heinrich Graetz in seiner zwischen 1853 und 1870 erschienenen elfbändigen Geschichte der Juden eine fünfzig Jahre früher noch undenkbare Synthese präsentieren konnte, so ist dies auch ein Höhepunkt und Erfolgsbeweis der Wissenschaft des Judenthums. Im 20. Jahrhundert eröffneten andere neue Perspektiven und schlugen völlig neue Bahnen ein: Historiker wie Simon Dubnow in Osteuropa und Salo Baron in den Vereinigten Staaten, aber auch Wissenschaftler, die im Rahmen des Zionismus im eigenen Land tätig waren. Unter letzteren geht die revolutionärste Wirkung von Gershom Scholem aus, dem Historiker der jüdischen Mystik. Heute weist die Bibliothek der jüdischen Wissenschaft umfangreiche Bestände auf, die dank der internationalen Forschung ständig weiterwachsen.

Als Ganzes gesehen zeigt sich die moderne jüdische Geschichtsschreibung unter einem doppelten Aspekt, einem allgemeinen und einem spezifisch jüdischen. Zum einen geht es um den Beitrag dieser Wissenschaft zum historischen Wissen und zur historischen Erkenntnis überhaupt; zum anderen interessiert ihr Stellenwert als kulturelles und geistiges Phänomen im Judentum selber. Beide Fragen sind eine eingehende Erörterung wert; ich beschränke mich hier aber auf die zweite und auch da auf einige ausgewählte Probleme.

Man wird zu Recht fragen, ob denn die moderne jüdische Geschichtsschreibung irgendeine nur ihr eigene Problematik aufweist. Historische Objektivität, das Wesen historischen Erklärens, der Wert der Quantifizierung – das sind Fragen, in denen sich alle historischen Einzeldisziplinen überschneiden. Eben weil die moderne jüdische Geschichtswissenschaft nach ihrem eigenen Selbstverständnis auf dem gleichen Boden steht wie die Geschichtswissenschaft überhaupt, ist auch sie von der derzeitigen Misere des Fachs betroffen. Gesellschaftswissenschaftler und Philosophen kritisieren den Historiker, der auch in der modernen Literatur im Allgemeinen ein glanzloses Bild abgibt.[140] Der Historiker der Juden kann dagegen nicht einfach seines Gegenstandes wegen gefeit sein.

Dennoch gibt es auch spezifische Probleme. Manche haben sich lediglich aus den historischen Umständen ergeben, zeigen aber, wie ein und derselbe Impuls in verschiedenen Gruppen verschieden wirkt. Die Väter der Wissenschaft des Judenthums machten sich zwar die philosophischen und methodischen Grundlagen der neuen Geschichtswissenschaft uneingeschränkt zu eigen, doch kam es zu wichtigen Phasenverschiebungen. Ein einfaches Beispiel: Während sich das Interesse der deutschen Wissenschaftler zuerst auf die politische und institutionelle Geschichte und erst später auf die Geistesgeschichte richtete, konzentrierte sich die Wissenschaft des Judenthums ganz überwiegend auf die letztere; es schien, als gäbe es keine jüdische politische Geschichte, über die sich zu schreiben lohnte, und von der Sozial- oder Wirtschaftsgeschichte der Juden wusste man fast gar nichts.[141]

Tragischer und bedeutsamer waren die Unterschiede des jeweiligen Rahmens, in dem die Arbeit jüdischer und nichtjüdischer Historiker stand. Das goldene Zeitalter der europäischen Geschichtsschreibung in der ersten Hälfte des 19. Jahrhunderts fiel mit der Morgendämmerung des modernen Nationalismus zusammen und verdankt diesem ein Gutteil seines Elans. In Deutschland oder Frankreich fiel dem Historiker beim Prozess des nationalen Erwachens eine hervorragende Ehrenrolle zu. Gleichzeitig aber verlangte man in Europa von den Juden, und nur von den Juden, sie sollten sich, sofern sie die Emanzipation wollten, nicht mehr als Volk betrachten, sondern sich nur noch qua Religion definieren. Von wenigen Ausnahmen wie Graetz abgesehen, waren die Träger der Wissenschaft des Judenthums dazu bereit. Dementsprechend rekonstruierten sie eine jüdische Vergangenheit, in der das nationale Element nahezu völlig ausgeschaltet war und die Hoffnung auf nationale Restauration wie ein Anachronismus erschien. Auch der lebendigen Sprache erging es nicht besser. Der Wiederentdeckung und Analyse hebräischer Texte des Mittelalters widmeten sich die Wissenschaftler mit Feuereifer und erstaunlichem Erfolg. Im Gegensatz zu ihren europäischen Kollegen aber, die beim Sammeln mittelalterlicher Literatur im sicheren Besitz einer lebenden und zukunftsträchtigen Sprache waren, rechneten diese jüdischen Gelehrten nicht mit einer Renaissance des Hebräischen und legten darauf auch gar keinen besonderen Wert. Zunz, der jahrzehntelang die hebräische Literatur des Mittelalters erforscht hatte, soll im Alter einen zeitgenössischen Dichter, der aus Russland zu Besuch kam, gefragt haben: »Wann haben Sie gelebt?«

Wenn auch solche Probleme mittlerweile glücklicherweise der Vergangenheit angehören, so gibt es doch andere, die man nicht einfach als typisch für eine Entwicklungsstufe erklären kann, denn sie sind übergreifend und scheinen in der Natur der Sache selbst zu liegen.

Es gibt in der modernen jüdischen Geschichtswissenschaft einen Zwiespalt, der keineswegs immer deutlich ist und auch nicht immer bewusst gemacht wird. Diese Historiografie muss nämlich, will sie ›modern‹ sein und anerkannt werden, zumindest funktional einige Prämissen verwerfen, die früher bei allen jüdischen Geschichtsvorstellungen eine grundlegende Rolle spielten. Sie muss sich letzten Endes ihrem eigenen Gegenstand massiv entgegenstellen, und zwar nicht nur hinsichtlich einiger Details, sondern in Bezug auf den innersten Kern – die Überzeugung nämlich, dass die göttliche Vorsehung als Faktor nicht nur das Ende, sondern kausal die Entwicklung der jüdischen Geschichte bestimmt, und den damit verwandten Glauben an die Einzigartigkeit dieser Geschichte.

Bewusstes Leugnen oder zumindest pragmatisches Umgehen dieser beiden Grundprinzipien macht das Wesen der Säkularisierung der jüdischen Geschichte aus, welche den Nährboden für die moderne jüdische Geschichtsschreibung abgab. Diese Revolution war zwar vorausgesehen worden, im 17. Jahrhundert von Spinoza (»Dass sie sich aber so viele Jahre hindurch in der Zerstreuung und ohne eigenes Reich erhalten haben, ist durchaus kein Wunder«),[142] und im 18. von Voltaire (»›Wir werden ... von den Juden sprechen wie wir von den Skythen oder Griechen sprechen würden«),[143] doch erst im 19. Jahrhundert schlug sich die Vorstellung, die jüdische Geschichte spiele sich auf derselben Realitätsebene ab, sei derselben Kausalität unterworfen und ließe sich mit denselben Methoden analysieren wie jede andere Geschichte, wirklich in der Geschichtsschreibung nieder. Während ein im wesentlichen säkulares Geschichtsbild sich in Europa mehr und mehr durchsetzte, gab es immer noch Juden wie auch Christen, die – wenn auch aus recht unterschiedlichen Gründen – hartnäckig an der Vorstellung festhielten, die jüdische Geschichte sei durch die Vorsehung bestimmt. Diese Auffassung ist auch heute keineswegs verschwunden. In der Geschichte der Völker sperrt sich die Geschichte des jüdischen Volkes besonders gegen die Säkularisierung, weil nur sie anfangs allgemein als heilig galt. Eindringlich stellt Karl Löwith fest:

»Nur eine ganz besondere Geschichte, die der Juden, kann als politische Geschichte auch heute noch streng religiös gedeutet werden ... Die Christen sind kein geschichtliches Volk. Ihre Zusammengehörigkeit in der Welt gründet sich auf den Glauben allein. Die Heilsgeschichte ist nach christlicher Auffassung nicht mehr an ein besonderes Volk gebunden; sie ist international geworden, weil sie sich individualisiert hat. ... Hieraus ergibt sich, daß das geschichtliche Schicksal der christlichen ›Völker‹ unmöglich Gegenstand einer spezifisch christlichen Auslegung der politischen Geschichte sein kann, wohingegen das Schicksal der Juden durchaus als Gegenstand einer spezifisch jüdischen Interpretation denkbar ist.«[144]

Die Feststellung erübrigt sich eigentlich, dass die moderne jüdische Geschichtsschreibung einen anderen Weg eingeschlagen hat. Ich möchte hier einen – meiner Meinung nach – dramatischen und faszinierenden Kontrast nennen. Im faschistischen Rom erschien im finsteren Jahr 1942 das Buch eines deutschen Jesuiten, Peter Browe, mit dem Titel *Die Judenmission im Mittelalter und die Päpste*. Es handelte sich, wie der Titel sagte, um eine detaillierte Darstellung der christlichen Versuche im Mittelalter, die Juden zu bekehren. Das Werk basierte auf einer Fülle von Primärquellen, die Fußnoten genügten jedem wissenschaftlichen Anspruch. Noch heute ist es ein hochinteressantes Standardwerk. Das Interessanteste aber ist das Schlusskapitel, in dem es um den offenkundigen Fehlschlag der christlichen Mission geht, misst man sie an ihrem Gesamtziel. Zwar waren überall Juden bekehrt worden, in Spanien sogar in großer Zahl; doch das gesamte mittelalterliche Judentum hatte sich nicht geschlagen gegeben. Browe gab diesem letzten Kapitel die Überschrift »Die Gründe für den geringen Erfolg der Judenmission« und unterteilte es dreifach. Zunächst geht es um »Die Gründe von Seiten der Christen« – um die Frage also, welche Aspekte in der christlichen Lehre einen größeren Erfolg ausschlossen. Der zweite Teil behandelt »Die Gründe von Seiten der Juden« – untersucht also die Frage, was es den Juden ermöglichte, Widerstand zu leisten. Dann aber kommt Browe mit seiner bis dahin konsequent empirischen Methode nicht mehr weiter. Er hat alle erdenklichen »Gründe« erschöpft und findet doch das Phänomen noch nicht völlig begreiflich. Und so heißt der dritte Abschnitt »Die Gründe von Seiten Gottes«. Vielleicht war es letzten Endes Gott selber, der das Verschwinden des Judentums nicht wollte. Zusammenfassend schreibt Browe:

> »Dieses ganze Schicksal des jüdischen Volkes, sein Leben und Wandern durch die Jahrhunderte hindurch, die Erhaltung seiner Rasse und seines Volkstums inmitten der zahllosen Kämpfe und Verfolgungen lässt sich aus rein politischen Erwägungen heraus nicht befriedigend erklären ... Nur aus dem Glauben können wir die Lösung irgendwie verstehen.«[145]

Ich bin der Meinung, dass heutzutage kein jüdischer Historiker – unabhängig davon, was er persönlich denkt und glaubt – soweit gehen würde, ein wissenschaftliches Werk mit einem expliziten Epilog über die »Gründe Gottes« abzuschließen. Um Missverständnissen vorzubeugen: Ich trete nicht unbedingt dafür ein, dass es anders sein sollte, sondern weise lediglich darauf hin, dass ein Ansatz, der im 20. Jahrhundert in einer Geschichte der Engländer, Franzosen oder Holländer undenkbar wäre, in einem seriösen historischen Werk über die Juden immer noch möglich ist.

Stellt die Säkularisierung der jüdischen Geschichte einen Bruch mit der Vergangenheit dar, so ist die Historisierung des Judentums selbst eine nicht minder bedeutsame Entwicklung. Sie war im Grunde unvermeidlich. Die Entdeckung der Geschichte durch den abendländischen Menschen bedeutet nicht nur Interesse für die Vergangenheit (das hat es immer gegeben), sondern ein neues Bewusstsein, das Wahrnehmen einer fließenden zeitlichen Dimension, von der es keine Ausnahme gibt. Für die jüdische Historiografie hat das zur Folge, dass das Judentum nicht mehr als etwas absolut Gegebenes, *a priori* Definierbares gesehen werden kann. Es lässt sich vielmehr von seiner Entwicklung in der Zeit, von seinen konkreten Manifestationen an bestimmten Punkten der Geschichte nicht trennen. Die Vertreter der Wissenschaft des Judenthums waren noch davon überzeugt, dass es hinter den sich wandelnden Formen, welche die Geschichte uns vor Augen führt, eine grundlegende ›Idee‹ des Judentums geben müsse, welche der Historiker auch herauspräparieren könne. Dieser philosophische Idealismus des 19. Jahrhunderts wurde mittlerweile weitgehend ad acta gelegt und die Vorstellung vom ›normativen Judentum‹ massiv infrage gestellt.[146]

Natürlich erhoben sich gegen diese Entwicklung auch Stimmen des Protests. Im 19. Jahrhundert widersetzte sich Samson Raphael Hirsch, der Vater der sogenannten Neoorthodoxie, einer Reaktion auf die Emanzipation, vehement dem Jüdischen Theologischen Seminar in Breslau und dessen Engagement für die historische Forschung. Seinen ehemaligen Schüler Graetz griff er persönlich an.[147] Samuel David Luzzatto, die späte Zierde des jüdischen Humanismus in Italien, dessen gelehrte Leidenschaft so weit ging, dass er sich zu der Behauptung hinreißen ließ, er würde alte hebräische Handschriften sogar dem Teufel überlassen, wenn der für eine ordentliche Edition sorgte, sah mit Sorge auf die jüdischen Wissenschaftler in Deutschland und warf ihnen vor, ihnen fehle »der Glaube, der die Tora und die Propheten als das Wort Gottes zu begreifen sucht und in der jüdischen Geschichte die einzigartige Chronik eines einzigartigen Volkes sieht«.[148]

Die vielleicht differenzierteste und bekannteste Absage an den Historizismus im 20. Jahrhundert stammt von einem seiner originellsten jüdischen Denker, Franz Rosenzweig. Wenn er die historische Entwicklung nicht als entscheidende Kategorie zum Verständnis des Judentums oder des jüdischen Volkes gelten lässt, so ist das umso beachtlicher, als Rosenzweig durchaus wusste, was die Moderne bedeutet und was die historische Betrachtungsweise leisten kann.[149] Er hatte als assimilierter Jude kurz vor der Konversion zum Christentum gestanden, hatte wieder zum Judentum zurückgefunden und in Berlin bei Friedrich Meinecke über »Hegel und der Staat« promoviert. Doch in *Der Stern der Erlösung* stellt Rosenzweig die These auf, die Juden hätten – durch die Befolgung eines außerzeitlichen Gesetzes dem Fluss der Geschichte enthoben – schon seit Langem den Zustand der Stasis erreicht; während die Christenheit sich auf einem »ewigen Weg« befindet, erfährt das jüdische Volk, und nur dieses allein, Ewigkeit inmitten der Geschichte.[150]

Weitere Beispiele ließen sich anführen, doch dürfte klar geworden sein, dass die historische Betrachtungsweise bei den Juden keineswegs auf der ganzen Linie gesiegt hat. Ihr Ort und die Faktoren, die sie geprägt haben, sollten deutlicher werden, wenn wir nun zum Ausgangspunkt dieser Ausführungen zurückkehren: zur Frage nach der Beziehung zwischen jüdischer Geschichtsschreibung und jüdischem Gedächtnis. In der Moderne stoßen wir erstmals auf eine jüdische Historiografie, die sich vom jüdischen Kollektivgedächtnis gelöst hat und in entscheidenden Punkten im Widerspruch zu ihm steht. In dieser Erscheinung spiegelt sich natürlich ein weitverbreiteter, sich ständig verschärfender moderner Zwiespalt. Bei vielen Völkern herrscht heute Verwirrung von Tradition und Gedächtnis, während gleichzeitig die Nationalgeschichte im Sinne des 19. Jahrhunderts mehr und mehr durch andere Strukturen abgelöst wird. Wenn ich mich nur mit dem jüdischen Beispiel befasse, so nicht nur deshalb, weil ich als Historiker der Juden hier am besten Bescheid zu wissen glaube, sondern auch weil ich als jüdischer Historiker persönlich betroffen bin.

Es gibt heute viele Juden, die den fortgeschrittenen Verfall des jüdischen Gedächtnisses beklagen, obwohl sie sich gar nicht einig sind – und dies dürfte symptomatisch sein –, um welche Inhalte es ursprünglich oder idealerweise geht. Sollte da nicht vor allen anderen der Historiker in die Bresche springen? Ist die Wiederherstellung der Vergangenheit in unser aller Interesse bei ihm nicht Wahl und Berufung zugleich? Eugen Rosenstock-Huessy dachte bei der folgenden Berufsbeschreibung des Historikers zwar nicht an den jüdischen, doch die gestellten Aufgaben wirken diesem wie auf den Leib geschneidert. »Der Historiker«, schreibt er, »ist der Arzt des Gedächtnisses. Seine Ehre ist die Heilung von Wunden, von echten Wunden. Wie der Arzt unabhängig von medizinischen Theorien einfach deshalb handeln muss, weil der Patient krank ist, so steht der Historiker unter dem moralischen Druck, durch sein Handeln das Gedächtnis eines Volkes oder das der ganzen Menschheit wiederherzustellen.«[151] Wer aber vom Historiker verlangt, er solle das jüdische Gedächtnis wiederherstellen, setzt bei ihm Kräfte voraus, die er womöglich gar nicht besitzt. Es liegt in der Natur der Sache, dass die moderne jüdische Historiografie außerstande ist, ein zerfallenes Gruppengedächtnis zu ersetzen, welches früher stets ohne den Historiker auskam. Die kollektiven Erinnerungen des jüdischen Volkes waren eine Funktion des gemeinsamen Glaubens, des Zusammenhalts und des Willens der Gruppe; die Vermittlung und Wiederbelebung der Vergangenheit spielte sich in einem differenzierten Gefüge organisch aufeinander abgestimmter gesellschaftlicher und religiöser Institutionen ab. Der Verfall des jüdischen Kollektivgedächtnisses in der Moderne ist nichts weiter als ein Symptom der Auflösung dieses Überzeugungs- und Handlungsgefüges, dessen hier zum Teil untersuchte Mechanismen früher die Vergangenheit vergegenwärtigten. Hier liegt die Wurzel des Übels. Das jüdische Gedächtnis kann letzten Endes nur »geheilt« werden, wenn die Gruppe selbst Heilung findet, wenn ihre Ganzheit wiederhergestellt oder neu belebt wird. Doch angesichts der Wunden, welche die vernichtenden Schläge der letzten zweihundert Jahre dem jüdischen Leben zugefügt haben, wird der Historiker bestenfalls zum Pathologen, doch kaum zum Arzt.

Dies sollte auf der Hand liegen, und wir wollen es dabei bewenden lassen. Eine tiefere Kluft tut sich auf, wenn wir den jüdischen Historiker – scheinbar ganz nüchtern und unverfänglich – auffordern, sein Handwerk zu tun.

Gedächtnis und moderne Geschichtsschreibung haben wesensgemäß ein völlig verschiedenes Verhältnis zur Vergangenheit. Historiografie ist nicht etwa ein Versuch, Gedächtnis wiederherzustellen, sondern eine wirklich neue Art des Erinnerns. Bei der Suche nach Erkenntnis bringt die Geschichtsforschung Texte, Ereignisse und Prozesse ans Licht, die selbst in dessen vitalsten Zeiten kein Bestandteil des jüdischen Gruppengedächtnisses gewesen waren. Mit beispielloser Energie lässt die Wissenschaft in immer mehr Details eine Vergangenheit wieder auferstehen, deren Form und Textur das Gedächtnis nicht wiedererkennt. Doch das ist nicht alles. Der Historiker ist nicht einfach dazu da, Gedächtnislücken zu füllen; immer wieder stellt er auch intakt gebliebene Gedächtnisinhalte infrage. Außerdem geht es ihm letzten Endes wie jedem Historiker darum, die Vergangenheit – in diesem Fall die jüdische – vollständig zu rekonstruieren, selbst wenn ihn unmittelbar nur ein Ausschnitt beschäftigt. Kein Dokument, kein Gebrauchsgegenstand ist ihm zu gering, alles interessiert ihn. Wir begreifen zwar, was ihn motiviert, kommen aber um die Einsicht nicht herum, dass dies alles dem Kollektivgedächtnis völlig zuwiderläuft, welches, wie wir gesehen haben, äußerst selektiv vorgeht. Manche Erinnerungen bleiben lebendig, andere werden ausgesondert, verdrängt oder einfach vergessen – ein natürlicher Ausleseprozess, den der Historiker ungebeten stört und umlenkt.[152] Es bleibt die Frage, ob dieser Vorgang im Judentum zu echter Katharsis oder Neuintegration führen kann.

Im Augenblick scheint genau das Gegenteil der Fall zu sein. Verschwunden ist die optimistische Selbstsicherheit, die noch einen Graetz oder Dubnow meinen ließ, die jüdische Geschichte als Ganzes könnte, profan betrachtet, eine sinnvolle einheitliche Struktur oder eine klare Entwicklungslinie erkennen lassen. Während wir noch auf den 18. (und keineswegs letzten) Band von Barons monumentaler *Social and Religious History of the Jews* warten, wissen wir, dass wir vermutlich Zeugen des letzten ernsthaften Versuchs eines einzelnen Historikers sind, die gesamte jüdische Geschichte zu überblicken. Zeittypischer ist die Gemeinschaftsarbeit an der *World History of the Jewish People*; in größeren Abständen erscheinen einzelne Bände, jeder eine Sammlung unabhängiger historischer Aufsätze, die günstigstenfalls eine rein chronologische Einheit bilden. Verdienstvoll als Zusammenfassung des gegenwärtigen Wissensstandes wird das Werk selbst nach Abschluss des Vorhabens keine Gesamtdeutung der jüdischen Geschichte bieten können. Es hat noch nie ein Ausschuss eine Symphonie komponiert.

Nichts konnte bisher an die Stelle des Sinnzusammenhangs treten, den ein mächtiger Messiasglaube einst der jüdischen Vergangenheit und Zukunft verlieh – vielleicht gibt es überhaupt keinen Ersatz. Mittlerweile wird man schon zunehmend skeptischer bei der Frage, ob sich für die jüdische Geschichte ein Ordnungsprinzip ausmachen lässt, welches allgemeine Zustimmung findet. Bei der Vertiefung in immer enger umrissene und kompliziertere Forschungsgebiete leistet der jüdische Historiker heute oft wissenschaftliche Wunderdinge, entfernt sich dabei aber auch von den »großen Fragen«, welche sich drängend nur angesichts des Ganzen stellen: Wie steht es um die Einzigartigkeit der jüdischen geschichtlichen Erfahrung (wenn nicht im metaphysischen, so doch im empirischen Sinn)? Was hat es auf sich mit dem »Geheimnis«, wie man früher sagte, des Überlebens der Juden durch alle Zeiten hindurch? Wie ist das Verhältnis von Juden und Judentum (ist die ganze jüdische Geschichte »jüdisch«)? Welchen Wert besitzt die jüdische Geschichte – nicht für den Wissenschaftler, sondern für das jüdische Volk? Vor den Augen des Historikers entfaltet sich die jüdische Vergangenheit nicht als Einheit, sondern in einem für seine Vorläufer im 19. Jahrhundert unvorstellbaren Maße als relativierungsbedürftige Vielfalt. Wie sollte es auch anders sein? Vor über anderthalb Jahrhunderten wagten jüdische Wissenschaftler den schicksalsschweren Schritt, die jüdische Geschichte aus dem Blickwinkel des abendländischen Historizismus neu zu untersuchen. Dessen Niederlagen und Triumphe spiegeln sich mittlerweile naturgemäß auch in der jüdischen Geschichtsschreibung.

In diesem Licht werden der Widerstand bzw. die Gleichgültigkeit gewisser jüdischer Kreise gegenüber der modernen jüdischen Geschichtswissenschaft etwas verständlicher. Es geht aber nicht einfach darum, dass diese Wissenschaft ohne Einfluss auf das Denken der einen oder anderen Gruppe bleibt. Die Sache ist ernster, und ich glaube ohne Übertreibung behaupten zu können, dass diese umfassendste ununterbrochene geistige Gemeinschaftsleistung von Juden in der Moderne auf das moderne jüdische Denken und Bewusstsein überhaupt nur sehr wenig gewirkt hat. Ich glaube nicht, dass ich übertreibe. Wer die Errungenschaften der jüdischen Geschichtsforschung überschaut, muss einräumen, dass dieses neue Wissen samt den Perspektiven, die es eröffnet, kaum rezipiert, geschweige denn verinnerlicht wurde.[153] Im Grunde ist die heutige jüdische Vorstellung von der Vergangenheit weniger von der modernen jüdischen Geschichtsschreibung geprägt als von Literatur und Ideologie – ein Befund, der mir interessant genug scheint, um darüber nachzudenken.

Bestimmt kann die Ablehnung der historischen Betrachtungsweise nicht einfach als Ignoranz oder Philistertum abgetan werden. Antihistorische Strömungen sind im modernen Judentum selbst aktive Kräfte und speisen sich aus verschiedenen Quellen, die wenig miteinander gemein haben.

Juden, die noch vom Zauber der Tradition gebannt sind oder dorthin zurückgefunden haben, finden die Arbeit des

Historikers irrelevant. Ihnen geht es nicht um die Historizität des Vergangenen, sondern um seine ewige Gegenwart. Wenn der Text unmittelbar zu ihnen spricht, muss ihnen die Frage nach seiner Entwicklung zweitrangig oder völlig bedeutungslos vorkommen.

Eine ganz anders geartete antihistorische Einstellung findet sich bei Juden, die die moderne jüdische Existenz als etwas so völlig Neues erleben, dass das Verlangen entsteht, die Vergangenheit entweder zu vergessen oder auszulöschen. Die tiefe Ambivalenz heutiger Juden gegenüber der Vergangenheit lässt sich wohl am besten in der modernen hebräischen Literatur erkennen, die ein noch umfassenderes Spektrum der modernen jüdischen Sensibilität bietet als die jiddische oder jüdische im angelsächsischen Sprachraum. Hier stoßen wir einerseits auf grimmige Ablehnung der jüdischen Vergangenheit, nicht als individueller Tick, sondern als ein Hauptthema von der Haskala bis zur Gegenwart. Ein besonders prägnantes Beispiel möge genügen. In der explosiven Kurzgeschichte »*Ha-Derashah*« – »Die Predigt« – des hebräischen Schriftstellers Chajim Hasas[154] findet eine Versammlung im Kibbutz statt. Yudka, der bei solchen Gelegenheiten sonst nie etwas sagt, überrascht alle Anwesenden, als er das Wort ergreift, um Gedanken loszuwerden, die er nicht mehr für sich behalten kann. Er erläutert, anfangs noch stockend, was ihn beschäftigt hat:

> »›Ich möchte feststellen‹, sagte Yudka mühsam mit leiser, angespannter Stimme, ›dass ich gegen die jüdische Geschichte bin.‹«

Und dann artikuliert sich die Wut und überwindet das Stammeln:

> »›Ich würde es einfach verbieten, unseren Kindern jüdische Geschichte beizubringen. Warum zum Teufel sollen

> wir ihnen von der Schande unserer Vorfahren erzählen? Ich würde einfach sagen: Buben, seit der Zeit, als wir aus unserem Land verbannt wurden, sind wir ein Volk ohne Geschichte. Die Stunde ist vorbei. Geht Fußball spielen!‹«

Andererseits sehnen sich andere moderne hebräische Schriftsteller fast schmerzhaft nach einer verschwundenen jüdischen Vergangenheit. Beide Impulse existieren nebeneinander, Abwehr und Anziehung, Ablehnung und ein Gefühl des Verlustes, Bildersturm und Trauer – keine einfachen Verhältnisse. Mit antihistorischer Einstellung allein kann man das Desinteresse an der modernen jüdischen Geschichtsschreibung nicht erklären. Viele Juden suchen heute nach einer Vergangenheit, aber diejenige, die der Historiker zu bieten hat, wollen sie ganz offensichtlich nicht. Das gewaltige augenblickliche Interesse am Chassidismus kümmert sich nicht im Geringsten um die theoretischen Grundlagen und die reichlich anrüchige Geschichte dieser Bewegung. Der Holocaust hat bereits mehr historische Forschungstätigkeit ausgelöst als jedes andere Ereignis der jüdischen Geschichte, doch für mich steht völlig außer Zweifel, dass sein Bild nicht am Amboss des Historikers, sondern im Schmelztiegel des Romanciers geformt wird. Seit dem 16. Jahrhundert hat sich viel geändert, doch eines ist seltsamerweise gleich geblieben: Es sieht so aus, als seien die Juden damals wie heute nicht bereit, sich der Geschichte direkt zu stellen (wenn sie sie schon nicht überhaupt ablehnen). Sie scheinen lieber auf einen neuen, metahistorischen Mythos warten zu wollen, und der Roman eignet sich wenigstens einstweilen als modernes Surrogat dafür.

Ich habe weder Patentantworten auf die von mir aufgeworfenen Fragen, noch bin ich persönlich über dergleichen erhaben. Gegen die Verführung durch den Mythos bin ich keineswegs immun, und ich glaube auch die Rolle, die er im gesunden Leben eines Volkes spielt, besser zu kennen als mancher andere. Ich gebe offen zu, dass auch ich den Wert der Beschäftigung mit der Vergangenheit manchmal bezweifle – beunruhigende Gedanken zu schlafloser Zeit, gelegentlich aber auch am Tage. Ich bleibe trotzdem bei meinem Beruf und hoffe, dass dieses Eingeständnis meine Studenten nicht über Gebühr beunruhigt. Ich habe auch nicht vor, hier zum Abschluss den vielen philosophischen Plädoyers für die Geschichte noch ein weiteres folgen zu lassen. Ich stelle im Folgenden nur noch einige Beobachtungen zur Diskussion, sehr individuelle Gedanken – als Flaschenpost mit unbekanntem Ziel.

Juden, die niemals »gefallen« sind, hat die moderne jüdische Geschichtsschreibung nichts zu sagen. Der Historiker kann in Dialog treten mit denen, die bewusst oder unversehens vom Baum der Erkenntnis gegessen haben und dadurch unwiderruflich anders geworden sind – meines Erachtens die Mehrheit. Es stimmt natürlich, dass Franz Rosenzweig sein Geburtsrecht ohne Hilfe der Geschichte einforderte, nämlich durch ein viel entscheidenderes Erlebnis am Sühnetag Jom Kippur in einer orthodoxen Synagoge in Berlin. Und Kafka, dieser gefallene moderne Jude »mit wilder Vorfahrenslust« las Graetz »gierig und glücklich« – eine Suche, die, wie so vieles in seinem Leben, nie das Ziel erreichte.[155] Interessanterweise stellt kein anderer als Rosenzweig fest: »Es ist heute keiner, der nicht entfremdet ist ...«[156]

Inzwischen ist es anders. Als ich oben davon sprach, dass der Aufstieg der modernen jüdischen Geschichtsschreibung mit dem Verfall des jüdischen Gedächtnisses zusammenfiel, dachte ich an eine bestimmte Art der Erinnerung, nämlich die Erinnerung an die jüdische Tradition. Heute dagegen hat fast jeder Jude irgendeine jüdische Vergangenheit – völliger Gedächtnisverlust ist relativ selten. Juden wie Nichtjuden stehen nicht vor der Wahl, ob sie überhaupt eine Vergangenheit haben wollen, sondern vor der Frage, wie sie beschaffen sein soll.

Yudka, der gegen jüdische Geschichte ist, hat eine Vergangenheit, allerdings mit einer Lücke von nahezu zwei Jahrtausenden. Für ihn ist das Rad der Geschichte beim Fall von Massada im 2. Jahrhundert stehengeblieben, um sich im späten 19. bei der Rückkehr nach Zion wieder in Gang zu setzen. Die Ereignisse dazwischen sind ein Alptraum, den man am besten vergisst. Jüdisch ist auch die bürgerlich-jüdische Vergangenheit der Romangestalten von Philip Roth, auch wenn sie gerade nur ein bis zwei Generationen umfasst und im Vergleich zur Vergangenheit Yudkas trivial und abgeschmackt ist. Es ließe sich eine ganze Anthologie jüdischer Vergangenheiten in der modernen Welt zusammenstellen – erhabene, jämmerliche und lähmende. Auch dabei handelt es sich um Realität, die bewusst oder unbewusst das Leben derer prägt, die eine solche Vergangenheit mit sich herumtragen, und damit letzten Endes auch das Leben des ganzen jüdischen Volkes.

Ob in diesem Durcheinander unbestimmter Vergangenheiten die Stimme des Historikers gehört wird, hängt von zahlreichen Faktoren ab; die Frage an sich ist nicht ohne Konsequenzen. Bei allem berechtigten Misstrauen gegenüber historischen Parallelen kann man sich doch des Eindrucks kaum erwehren, dass das jüdische Volk nach dem Holocaust heute an einem Scheideweg steht; die Situation erinnert an die Lage der Generationen nach der Katastrophe der Vertreibung aus Spanien. Damals zogen die Juden, wie wir gesehen haben, den Mythos der Geschichte vor, und da die Folgen ohnehin nicht zu ändern sind, wäre es müßig, im Nachhinein die damaligen Gründe anzuzweifeln. Heute führen die Juden ein Doppelleben. Als Folge von Emanzipation in der Diaspora und staatlicher Souveränität in Israel befinden sie sich heute wieder im Hauptstrom der Geschichte. Von ihrem Ort in der Geschichte und von dem Weg, der dahin geführt hat, haben sie aber im Allgemeinen eher mythische als realistische Vorstellungen. Mythos und Gedächtnis wirken sich aufs Handeln aus. Manche Mythen sind lebenswichtig und verdienen für unsere Zeit neu interpretiert zu werden; andere führen in die Irre und müssen neu definiert werden; wieder andere sind gefährlich und müssen bekämpft werden.

Es bleibt Aufgabe des Historikers, Brücken zur Vergangenheit zu schlagen. Ob es gelingen wird, weiß ich nicht sicher. Allerdings bin ich überzeugt, dass der Historiker sich erst einmal entscheiden und dann dementsprechend handeln muss. Ich will hier keinen Katalog der Mittel aufstellen – ich kenne selber nicht alle. Ein Aspekt des Problems ist offensichtlich die Auswahl des Forschungsgegenstandes. Die Vorstellung, alles Vergangene sei »um seiner selbst willen« wissenswert, gehört ebenso zur Mythologie der modernen Geschichtswissenschaft wie der Verdacht, bewusstes Verantwortungsgefühl für gegenwärtige Anliegen einer Gruppe führe notwendigerweise zu irgendwie nicht ganz »wissenschaftlicher« Geschichtsschreibung. Dabei kennzeichnen solche Einstellungen gar nicht den Wissenschaftler, sondern den Archivar. Wichtig ist auch, wie die Historiker schreiben. Damit will ich nicht in die abgedroschene Diskussion über Geschichtsschreibung als ›Literatur oder ›Wissenschaft‹ einsteigen, die ja nur den Irrglauben perpetuiert, bei einem historischen Werk ließen sich Form und Inhalt trennen. Die unglückselige Herauslösung der Geschichtsschreibung aus der Literatur hat – nicht nur im Fall der jüdischen Geschichte – einerseits den Abstand zwischen Fachleuten und Laien vergrößert, andererseits das Bild der Vergangenheit verändert. Wer ihr aber entfremdet ist, fühlt sich nicht aufgrund bloßer Erklärungen wieder zu ihr hingezogen; dazu bedarf es auch der Evokation.

Vor allem aber muss der jüdische Historiker, der gehört werden will, sich der heutigen jüdischen Realität ohne zu zögern stellen. Yudka z. B. gehört durchaus zu dieser Realität, und seine Ansprüche lassen sich nicht beiseiteschieben; ich verstehe ihn sehr gut, er will ja auch nichts verbergen. Die Geschichte der Juden im Exil ekelt ihn unter anderem deshalb an, weil er sich darunter nichts anderes vorstellen kann als eine Geschichte ihrer Schriften und ihrer Todesarten – eine Betrachtungsweise, der vor allem die Historiker der Wissenschaft des Judenthums selber Vorschub leisteten. Die jüdische

Historiografie ist heute längst darüber hinaus.[157] Doch der Historiker irrt, der meint, Yudka fehle nichts weiter als das leicht zu vermittelnde Wissen, dass es im Mittelalter ein blühendes jüdisches Leben gab, bzw. den Nachweis, dass sich die Juden im Lauf der Geschichte meistens keineswegs passiv verhielten. Derselbe stotternde Yudka, der gegen die Geschichte ist, hat nämlich gleichzeitig sichere, wenn auch nicht verfeinerte historische Instinkte. So weiß er zumindest gefühlsmäßig, dass der Zionismus eine Revolte gegen den jüdischen Messianismus war und die Rückkehr ins eigene Land »keine Kontinuität, sondern ein Bruch, das Gegenteil dessen, was vorher war, ein neuer Anfang«, wie Hasas seine Figur sagen lässt.

Wer sich mit Yudka und den vielen heutigen Juden, die die anderen radikalen »Brüche« der modernen jüdischen Existenz erlebt haben, sinnvoll auseinandersetzen will, braucht eine gewisse Neuorientierung. Kontinuitäten, und seien sie auch ›dialektisch‹, in der jüdischen Geschichte zu finden genügt nicht mehr. Die Zeit ist wohl gekommen, Einschnitte, Brüche und Diskontinuitäten näher zu betrachten und genauer festzustellen, wie die Juden sie überstanden haben. Dabei müssen wir auch begreifen lernen, dass nicht immer alles Wertvolle, das es vor einem derartigen Bruch gab, gerettet werden konnte, und sei es in verwandelter Form, sondern dass manches verlorenging, was– ans Licht gehoben – für uns wieder Bedeutung erlangen könnte. Dazu muss sich der jüdische Historiker der Moderne aber erst einmal klarmachen, in welchem Ausmaß er selber das Produkt eines Bruches ist. Wenn er es weiß, muss er es einerseits akzeptieren, ist andererseits aber auch frei, es sich zunutze zu machen. Diese ganze Erörterung bedeutet ja in einem gewissen Sinn einer Abrechnung mit der Art von Stammbaum, wie ihn sich manche jüdischen Historiker gern zulegen,[158] ist sie doch die Anerkennung der tiefen Kluft zwischen der modernen jüdischen Historiografie und allen früheren Methoden der Juden, sich mit ihrer Vergangenheit zu befassen.

Ich habe betont, dass die moderne jüdische Geschichtsschreibung niemals das jüdische Gedächtnis ersetzen kann. Genauso überzeugt bin ich aber, dass diese Historiografie Gefahr läuft, in Wildwuchs auszuarten, wenn sie nicht darauf angelegt ist, im Gedächtnis haften zu bleiben. Angesichts der nicht enden wollenden Flut von Monografien und Büchern auf meinem Schreibtisch frage ich mich oft, wieso ein Forscher ein bestimmtes Thema gewählt hat, wenn er mit demselben sprachlichen und methodischen Rüstzeug auch ein anderes hätte bearbeiten können. Jedes Mal, wenn jemand über einen vielversprechenden Mann des Nachwuchses sagt, »er veröffentlicht nicht genug«, sträubt sich etwas in mir; unsere Disziplin ist jetzt schon in Gefahr, sich auf byzantinistische Weise um sich selber zu drehen.

Eine Erzählung von Jorge Luis Borges, »Das unerbittliche Gedächtnis«(»*Funes el memorioso*«), geht mir nicht aus dem Kopf, denn sie könnte womöglich in einem dämonischen Gleichnis die moderne Geschichtsschreibung überhaupt entlarven – auch wenn Borges selber etwas anderes im Sinn hatte und die Erzählung als »Metapher der Schlaflosigkeit« bezeichnete.[159] Es geht um einen Argentinier, Ireneo Funes, der nichts, aber auch rein gar nichts mehr vergessen kann, seit er als 19-Jähriger vom Pferd stürzte. Er sagt: »Ich habe in mir allein mehr Erinnerungen als alle Menschen, seit die Welt zur Welt wurde.« Doch hören wir Borges selber:

> »Wir nehmen mit einem Blick drei Gläser auf einem Tische wahr; Funes alle Triebe, Trauben und Beeren, die zu einem Rebstock gehören. Er kannte genau die Formen der südlichen Wolken des Sonnenaufgangs vom 30. April 1882 und vermochte sie in der Erinnerung mit der Maserung auf einem Pergamentband zu vergleichen, den er nur ein einziges Mal angeschaut hatte, und mit den Linien der Gischt, die ein Ruder auf dem Rio Negro am Vorabend des Quebracho-Gefechtes aufgewühlt hatte.

Tatsächlich erinnerte Funes sich nicht nur an jedes Blatt jedes Baumes in jedem Wald, sondern auch an jedes einzelne Mal, da er es gesehen oder sich vorgestellt hatte. Er beschloß, jeden seiner vergangenen Tage auf 70 000 Erinnerungen zu beschränken, die er später mit Ziffern bezeichnen wollte. Zwei Überlegungen hielten ihn davon ab: die Einsicht, dass die Mühe endlos sein würde, die Einsicht, dass sie sinnlos war. Er überlegte, dass er in der Stunde seines Todes noch nicht einmal die Einordnung seiner sämtlichen Kindheitserinnerungen zu Ende gebracht haben würde.«[160]

Der Schatten von Funes dem Erinnerer liegt über uns allen. Die Geschichtsschreibung wird heute bereits selbst zum Gegenstand historischer Untersuchung, so auch in dieser Abhandlung. Man kann sich ausmalen, dass es eines Tages eine Geschichte der Geschichte der Geschichtsschreibung geben könnte und so fort, bis sich einem alles im Kopfe dreht.

Solche Überlegungen begleiten mich bei meiner Arbeit. Ich weiß nicht, ob die moderne Geschichtswissenschaft, dieses enorme Unternehmen, sich für die Juden und andere als dauerhaft erweist. Salomos Ring, der ihn glücklich machen sollte, wenn er traurig war, und umgekehrt, trug die Inschrift: »Auch dieses wird vorübergehen.« Die Zeit mag kommen, wo ein neues Bewusstsein die Frage stellt, weshalb sich in unserer Zeit so viele Menschen in die Geschichte vertieften – wenn man sich dann für uns überhaupt noch interessiert. Vielleicht sind es letzten Endes derartige Gedanken, die mich meiner Aufgabe treu bleiben lassen. Gerade die Fähigkeit, sich eine Zeit vorzustellen, in der die Menschen anders denken als wir, ist eine Frucht des historischen Bewusstseins, das uns Heutige prägt. Ohne innere Gewalt und Verrat können wir uns seiner nicht entledigen – selbst wenn wir wissen, dass unser Tun womöglich nur vorläufig ist. Aber das ist ganz in Ordnung so. In der furchterregenden Zeit, in der wir leben und wirken, kann es uns nicht gleich um die Ewigkeit gehen.

Nachwort: Yosef Hayim Yerushalmi. Eine persönliche Würdigung

Von Michael Brenner

Als Yosef Hayim Yerushalmi im Sommer 1997 sein Gastjahr als Fellow der Carl Friedrich von Siemens Stiftung in München abschloss, gaben die Pallottinerschwestern in Schwabing, bei denen er und seine Frau Ophra fast ein Jahr lang zu Gast gewesen waren, ein großes Abschiedsfest. Die Pallottinerinnen, mit denen er sich wunderbar verstand, hatten biblische Salate vorbereitet und servierten diese vor dem überdimensionalen Kreuz im Garten ihres Hauses. Der Übersetzer dieses Buches, der zu früh verstorbene Wolfgang Heuss, überraschte Yerushalmi mit einem besonderen Geschenk: einem selbst angefertigten langen und spitz zulaufenden, wohl nicht ganz historischen Doktorhut der Universität Salamanca. Als sein ehemaliger Doktorand und frischgebackener Inhaber des neuen Lehrstuhls für Jüdische Geschichte und Kultur an der Münchner Universität war ich zunächst einmal erstaunt. Erstaunt darüber, dass Yerushalmi, der es bis in die Neunzigerjahre vermieden hatte, überhaupt nach Deutschland zu reisen, und sein größtes akademisches Echo außerhalb der USA und Israel in Frankreich sowie auf der Iberischen Halbinsel erhalten hatte, sich nun ausgerechnet hier in der ehemaligen Hauptstadt der Bewegung so ausgesprochen wohl fühlte. In der Tat kehrte er in den nächsten Jahren regelmäßig nach München zurück. Erstaunt war ich aber auch darüber, wie ich den Ur-New-Yorker Yerushalmi außerhalb seiner Heimat erlebte. Er sprach Deutsch, genoss es, Opern und Konzerte zu besuchen, und bewegte sich, anders als in New York, auch in der akademischen Szene weitgehend unerkannt.

Der Doktorhut aus Salamanca stand für Yerushalmis ursprüngliches Forschungsgebiet: das spanisch-portugiesische Judentum, vor allem für sein in viele Sprachen, aber bis heute nicht ins Deutsche übersetzte Meisterwerk *From Spanish Court to Italian Ghetto.* Diese Schrift, die ein in Deutschland weitgehend unbekanntes Feld der spanisch-portugiesisch-jüdischen Welt der Frühen Neuzeit anhand der Biografie des Marranen Isaac Cardoso schildert, dessen Familie zwangsweise zum Christentum konvertieren musste und der dann in Italien wieder zu seiner angestammten Religion zurückkehrte, begründete seinerzeit Yerushalmis Ruf als außergewöhnlicher Wissenschaftler. Bis heute gilt dieses Werk als Hauptquelle zum Verständnis der Gedankenwelt jener Marranen, die von der Inquisition ständig bedroht im Geheimen ihre Anhänglichkeit zur jüdischen Religion unter Beweis stellten. In dieser facettenreichen Biografie werden sowohl die jüdische Mystik der Frühen Neuzeit wie auch die medizinische Wissenschaft jener Epoche (Cardoso war Arzt und Gelehrter), aber auch der entstehende Antisemitismus und die komplexe Migrationsbewegung, die die jüdische Welt im Europa jener Jahre kennzeichnete, nicht zuletzt auch literarisch meisterhaft dargestellt. In einem später gedruckten Vortrag vor dem New Yorker Leo Baeck Institut setzte sich Yerushalmi in dem Zusammenhang auch explizit mit der Rassentheorie der spanischen Inquisition und ihrer Vorstellung der Blutreinheit (limpieza de sangre) auseinander und machte deren Gemeinsamkeiten und Unterschiede im Vergleich zur späteren Rassenlehre der Nationalsozialisten deutlich.[1]

Die Arbeit zum iberischen Judentum begründete Yerushalmis Stellung als Historiker und brachte ihm 1966 seine erste Professur an der Harvard University ein. Der 1932 in der Bronx geborene und mit Jiddisch, Hebräisch und Englisch aufgewachsene Yerushalmi, der auch eine Rabbinerausbildung absolvierte, kehrte 1980 in das von ihm geliebte New York zurück, und zwar an die Universität, an der er promoviert worden war.

An der Columbia University nahm er die Stelle seines Lehrers, Salo Wittmayer Baron ein, der aus Galizien stammte und in Wien dreifach promoviert worden war. 1929 war er als erster Lehrstuhlinhaber überhaupt für jüdische Geschichte an eine westliche Universität berufen worden. Yerushalmi fungierte bis zu seiner Emeritierung 2008 – ein Jahr vor seinem Tod – als Direktor des renommierten dortigen Center for Israel and Jewish Studies.[2]

Dabei blieb er Baron und dessen Interpretation der Vergangenheit, die sich gegen eine Beschränkung jüdischer Geschichte auf eine Abfolge von Verfolgungen wandte, treu. Auch Yerushalmi wandte sich gegen eine »tränenreiche« Version jüdischer Geschichte, doch las er manches auch anders als sein Lehrmeister und teilte nicht immer dessen Optimismus. Während Baron etwa die »vertikale Allianz« im Mittelalter pries, also den Schutz, den die Juden durch die höchsten Instanzen wie Kaiser und Päpste oft genossen, sah Yerushalmi darin eher einen Grund für die Konflikte mit den niederen Mächten und den direkten Nachbarn. Dort, wo Baron von Hoffnung spricht, scheint bei Yerushalmi häufig auch Verzweiflung durch.

Yerushalmi hat sich mehr als irgendjemand anderes aus seiner Generation mit der Problematik der jüdischen Historiografie und insbesondere der komplexen Beziehung zwischen kollektiver jüdischer Erinnerung und Geschichtsschreibung auseinandergesetzt. Sein epochenübergreifendes Werk *Sachor* gilt als das unbestrittene Standardwerk auf diesem Gebiet. Mit seiner These, dass die moderne jüdische Geschichtsschreibung keineswegs aus der traditionellen jüdischen Geschichtsbetrachtung erwuchs, sondern ausschließlich auf einem modernen europäischen Wissenschaftsverständnis beruht, löste Yerushalmi eine lebhafte Diskussion unter Historikern aus, die bis heute nicht verstummt ist.

Als Yerushalmi an der Münchner Ludwig-Maximilians-Universität 1997 die Ehrendoktorwürde erhielt, sprach er in der voll besetzten Großen Aula ein weiteres Thema an, das ihn zeitlebens berührte. Am Beispiel der Thesen des Philosophen Baruch Spinoza behandelte er das komplexe Verhältnis zwischen gesellschaftlicher Zurückweisung und individuellem Bekenntnis zu jüdischer Identität. Die Auseinandersetzung mit diesem Thema bildete auch eine der zentralen Fragen seines Buchs zu Sigmund Freud, *Freuds Moses*. Im Gegensatz zu zahlreichen anderen Wissenschaftlern las Yerushalmi Freuds *Der Mann Moses und die monotheistische Religion* als einen Beleg für dessen ernsthafte Auseinandersetzung mit seinem jüdischen Erbe. Es blieb sein letztes Buch, wurde in den USA mit dem National Jewish Book Award ausgezeichnet und erschien auch auf Deutsch, ebenso wie seine Aufsatzsammlung Ein Feld in Anathot: Versuche zur jüdischen Geschichte sowie der in der Siemens-Stiftung gehaltene Vortrag »Diener von Königen und nicht Diener von Dienern. Einige Aspekte zur politischen Geschichte der Juden«.

Yerushalmi war ein Universalgelehrter, und in seiner Disziplin wohl der letzte seiner Art. Sein eigentliches Gebiet war die mittelalterliche jüdische Geschichte, doch lehrte er mit nicht weniger Kompetenz Kurse zur antiken und zur neuzeitlichen Geschichte, zum spanischen und zum deutschen Judentum, zur Geschichte der jüdischen Sekte der Karäer im Gebiet des heutigen Irak ebenso wie zur Geschichte des modernen Antisemitismus in Europa. Er konnte über biblische Figuren ebenso kompetent reden wie über talmudische Rabbiner oder Sigmund Freud und Arnold Schönberg.

Als er einmal eine Professur an der Hebräischen Universität Jerusalem angeboten bekam, so erzählte er, knüpfte man dies an die Einschränkung, nur Kurse zur Frühen Neuzeit zu unterrichten, denn dafür sei der Lehrstuhl gedacht. Er erzählte mit einem schelmischen Lächeln, dass er dies dankend ablehnte und die Kollegen in Jerusalem fragte: »Und was passiert, wenn ich Gott behüte etwas zu 1480 oder zu 1930 erzähle?« Eine Begrenzung auf künstlich festgelegte Epochen oder geografische Räume widerstrebte ihm. Es war vielleicht symbolhaft für diese Vielfalt, dass der amerikanische Jude osteuropäischer Herkunft, der als Spezialist des iberischen Judentums galt, auch Präsident des New Yorker Leo Baeck Instituts zur Erforschung deutsch-jüdischer Geschichte war. Er war mit dem Literaturwissenschaftler Harold Bloom ebenso befreundet wie mit dem Historiker Pierre Nora und führte eine öffentliche Debatte mit dem Philosophen Jacques Derrida. Er verehrte Gershom Scholem, den er persönlich kannte, und Walter Benjamin, dem er in dessen Schriften begegnete. Wie Benjamin, und wohl von ihm inspiriert, sammelte Yerushalmi Kinderbücher – allerdings jüdische Kinderbücher.

Yerushalmi freute sich, dass sein wichtigstes Buch in deutscher Übersetzung in einem Verlag erschien, zu dessen Autoren viele seiner Idole, aber auch seiner engsten Freunde, wie Carlo Ginzburg, gehörten und dessen Verleger eine solch unorthodoxe Figur in der deutschen Verlagslandschaft darstellte. Gerne klärte er seine amerikanischen Freunde über den Wagenbach-Verlag auf. Dass seine erste Aufsatzsammlung dann ausgerechnet auf Deutsch erschien, stellte für ihn etwas Besonderes dar. Als Jugendlicher hatte er in New York im Familienkreis von der Schoa erfahren, zu deren Opfer auch enge Angehörige zählten. Dies prägte ihn so sehr, dass er noch Jahrzehnte später Reisen nach Deutschland ablehnte, bis er zu Beginn der Neunzigerjahre erstmals einer Einladung des Mittelalterhistorikers Johannes Fried folgte und zu einem Vortrag an die Universität Frankfurt reiste. Ich erinnere mich noch gut, wie er damals nach seiner Rückkehr nach New York stolz erzählte, er hätte auch Deutsch gesprochen – eine Sprache, die er nie formal erlernte, sondern sich nach eigener Darstellung durch die Lektüre von Thomas Manns *Doktor Faustus* angeeignet hatte.

Einen seiner letzten großen öffentlichen Auftritte in Deutschland hatte Yerushalmi bei einer Tagung über jüdische

Geschichtsschreibung auf Schloss Elmau im Jahr 2000. Er kommentierte dort einen Vortrag seines Schülers David N. Myers. Vor einer beeindruckenden Alpenkulisse und einem ebenso beeindruckenden Personenkreis, der Carlo Ginzburg, Saul Friedländer, Ismar Schorsch, Michael Meyer, Dan Diner, Susannah Heschel, Ute Frevert, Friedrich Wilhelm Graf, Jan Assmann und Hans Mommsen einschloss, wandte er sich gegen postmoderne Interpretationen der Geschichte und auch gegen seine eigene Vereinnahmung als postmoderner Historiker.[3]

Yerushalmi beschäftigte sich nicht nur mit der Erinnerung und der Geschichtsschreibung, sondern auch mit dem Vergessen – einem unter Historikern nicht genügend berücksichtigten Thema. Die Wiederauflage dieses Buches trägt auch dazu bei, einen großen Historiker vor der Vergessenheit zu bewahren.

Anmerkungen

Biblische und rabbinische Grundlagen

1 Bedeutung und Funktionen dieses Verbs sind ausführlich in zwei einander ergänzenden Untersuchungen dargestellt: B. S. Childs, *Memory and Tradition in Israel,* London 1962, und W. Schottroff, *»Gedenken« im alten Orient und im Alten Testament. Die Wurzel zākar im semitischen Sprachkreis,* Neukirchen-Vluyn 1964. Siehe auch P. A. H. de Boer, *Gedenken und Gedächtnis in der Welt des Alten Testaments,* Stuttgart 1962. Der biblische Alte Bund verlangt von beiden Parteien das »Erinnern«, von den Israeliten und von Gott. Wenn Er etwas »vergisst«, kann Er zur Rede gestellt, ja sogar gescholten werden; ein besonders eindringliches Beispiel dafür findet sich im 44. Psalm. Uns geht es hier natürlich nur um die Seite des Menschen.

2 Siehe vor allem M. Eliade, *Der Mythos der ewigen Wiederkehr,* Deutsch von G. Spaltmann, Düsseldorf 1953; Neudruck unter dem Titel *Kosmos und Geschichte. Der Mythos der ewigen Wiederkehr,* Reinbek 1966. Die periodisch wiederkehrende Aufhebung der historischen Zeit durch Mythen und Rituale ist ein Hauptthema von Eliades Werk; siehe z. B. auch *Das Heilige und das Profane,* Hamburg 1957, Kap. 12; *Mythen, Träume und Mysterien,* Deutsch von M. Benedikt und M. Vereno, Salzburg 1961, Kap. 3, *Mythos und Wirklichkeit,* Deutsch von E. Moldenhauer, Frankfurt/Main 1988, Kap. 5–6; *Yoga. Unsterblichkeit und Freiheit,* Deutsch von I. Köck, Zürich und Stuttgart 1960. Während Eliades phänomenologische Analyse eines eindrucksvollen Aufgebots komparatistischen Materials überzeugen kann, geht er mit seinen weitreichenden historischen und philosophischen Thesen, in denen er die mythische Aufhebung der Geschichte als Erlösung vom »Terror der Geschichte« preist, weit über das Belegbare hinaus. Vgl. dazu R. J. Zwi Werblowskys knappen,

aber treffsicheren Kommentar anlässlich der Besprechung des erstgenannten Werkes im *Journal of Jewish Studies* 6(1955), S. 172–75.

3 R. C. Majumdar, »Ideas of History in Sanskrit Literature«, in: C. H. Philips (Hg.), *Historians of India, Pakistan and Ceylon*, London 1961, S. 25. Vgl. K. Quecke, »Der indische Geist und die Geschichte«, in: *Saeculum* 1(1950), S. 362–79, wo es gleich zu Anfang heißt, »kein anderes Kulturvolk der Menschheit hat eine solch unvorstellbare Gleichgültigkeit gegenüber der Wahrheit historischer Tatsachen bewiesen wie die Inder«. In dieser Hinsicht steht natürlich im Fernen Osten China im scharfen Gegensatz zu Indien; erst neuerdings erkennt die Wissenschaft im Westen langsam, welch großartige Leistungen die chinesische Geschichtsschreibung aufzuweisen hat. Die Wissenslücke füllen hilft der gelungene Sammelband: W. G. Beasley und E. G. Pulleyblank (Hg.), *Historians of China and Japan*, London 1961. Zur chinesischen Auffassung nicht nur von Geschichtsschreibung, sondern von Zeit und Geschichte überhaupt, siehe Joseph Needhams brillanten Aufsatz über »Time and Knowledge in China and the West«, in J. T. Fraser (Hg.), *The Voices of Time*, New York 1966, S. 92–135.

4 Unter »Sinn von Geschichte« verstehe ich hier ausschließlich einen transzendenten Sinn; ich will damit nicht etwa sagen, dass die Geschichte notwendigerweise sinnlos ist, wo wie in Griechenland (oder China) kein transzendenter Sinn gesehen wird. Auch die oft vorgenommenen rigorosen Unterscheidungen zwischen hebräischer und griechischer Denkweise, gerade auch was die angeblich radikal verschiedene Zeitauffassung betrifft, wollen mir nicht einleuchten. Beispiele dafür bieten O. Cullmann, *Christ and Time*, London 1951; J. Marsh, *The Fullness of Time*, London 1952; T. Bowman, *Hebrew Thought Compared with Greek*, London 1960, sowie die scharfe Kritik von J. Barr, *Biblical Words for Time*, 2. überarbeitete Auflage, London 1969, der die These vertritt, biblische Denkweisen und Einstellungen könnten aus Wortschatz und Sprachstruktur der Bibel

nicht hergeleitet werden. Ferner A. Momigliano, »Time in Ancient Historiography«, in: *History and Theory*, Beiheft 6 (1966), S. 1–23 (Nachdruck in Momiglianos *Essays in Ancient and Modern Historiography*, Middletown, Connecticut 1977, S. 179–204). Zeitwahrnehmung und Geschichtsauffassung bilden jedenfalls zwei verschiedene Themenkreise. Wie das Zeiterlebnis im alten Israel und Griechenland aussah, mag hier dahingestellt bleiben; die Geschichtsauffassung war aus anderen Gründen nachweislich verschieden. Zur Frage der linearen bzw. zyklischen Zeit vgl. unten Anm. 7.

5 Das soll nicht heißen, dass das archetypische *Denken* überhaupt verschwand, sondern dass archetypische Ereignisse jetzt innerhalb der Geschichte statt in einer mythischen Urzeit angesiedelt wurden. Das Paradebeispiel für einen derartigen historischen Archetypus ist der Auszug aus Ägypten, der unter anderem als Muster für die Geschichte von der Überquerung des Jordan und für messianische Erlösungsvisionen dient. Die Exodus-Typologie ist in der Bibelwissenschaft ausgiebig erörtert worden. Möglicherweise analoge Aspekte von Recht und Gesellschaft behandelt D. Daube, *The Exodus Pattern in the Bible*, London 1963. Die Tendenz, neue Ereignisse den Hauptgeschehnissen der Vergangenheit zuzuordnen, verstärkte sich im rabbinischen Denken deutlich und blieb auch später typisch. Im zweiten Kapitel gehe ich auf die Frage ein, wie diese Tendenz das jüdische Geschichtsbild im Mittelalter beeinflusst hat.

6 Eine knappe und klare Analyse der biblischen »Theologie« als historische Rezitation findet sich bei G. E. Wright, *God Who Acts*, London 1952. Das Wesentliche hat schon im 12. Jahrhundert Jehuda Halevi begriffen; vgl. die Rede des Rabbis im Gegensatz zu der des Philosophen in Halevis *Kusari*: Sefer Ha-Kuzari, Englisch von H. Hirschfeld, New York 1946, S. 41; bzw. *Das Buch al-Chazari*, Deutsch von H. Hirschfeld, Breslau 1885.

7 Mir ist durchaus bewusst, dass es eine Reihe von Versuchen gibt, in der biblischen Historiografie die eine oder andere zy-

klische Vorstellung auszumachen. Vgl. zuletzt G. W. Trompf, *The Idea of Recurrence in Western Thought. From Antiquity to the Renaissance,* Berkeley 1979; zu den hebräischen Schriften siehe S. 116–20, 134–39, 156–64. Man kann in solchen Deutungen auch die Reaktion auf simplifizierte Vorstellungen vom »linearen« Charakter des hebräischen Geschichtsdenkens – im Gegensatz zum »zyklischen« griechischen – sehen. Derartige Verallgemeinerungen sind jedenfalls korrekturbedürftig. Sollte die hebräische Geschichtsauffassung – um bei dieser zu bleiben – doch »linear« sein, so handelt es sich gewiss weder um eine durchgehende noch um eine in ständigem Fortschritt aufsteigende Linie. Dennoch vermag ich Trompf nicht zu folgen, denn mir leuchtet nicht ein, dass wir zu einem höheren Verständnis gelangen, wenn wir unter die Zyklusvorstellung auch Paradigmata wie »alternation«, »re-enactment«, »renovation, restoration and Renaissance« (etwa: Wechsel, Wiederspiel, Erneuerung, Restauration und Renaissance) subsumieren. Um den Eindruck zu vermeiden, es gehe buchstäblich um eine Wiederholung von Ereignissen, spricht Trompf nicht von »Zyklus«, sondern von »Wiederkehr« (recurrence). Aber kann denn dieser Begriff alle genannten und andere eigenständige Erscheinungen abdecken, ohne letzten Endes zur Leerformel zu werden? Ein weiteres Paradigma, welches er als »reciprocal view« (reziproke Auffassung) bezeichnet, dient ihm ebenfalls als wichtiges Beispiel von Wiederkehr in der Bibel. Darunter versteht er »die Auffassung, dass aus den jeweiligen Folgen bestimmter typischer Ereignisse ein allgemeines historisches Muster ablesbar wird«. Nimmt man zu solchen Kriterien noch Trompfs »Glauben an die Einheitlichkeit der menschlichen Natur«, sein »ausgeprägtes Interesse für Parallelismen« und »in Verbindung mit fast allen diesen Aspekten ... die Meinung, dass man aus der Vergangenheit Lehren für gegenwärtiges und zukünftiges Handeln ziehen kann«, so frage ich mich, ob es vor der Neuzeit überhaupt je eine Geschichtsschreibung gegeben hat, aus der man mit derartigen Definitionen nicht die Vorstellung der »Wiederkehr« herauslesen könnte. Wird der

Begriff dermaßen überstrapaziert, so nützt er nichts mehr. Bezeichnenderweise ist es Trompf bei der völligen Preisgabe des »linearen« Modells selbst nicht ganz wohl. Er räumt bereitwillig ein, dass für echte Lehren der Wiederkehr in Israel kein Platz mehr war, sobald eschatologische Vorstellungen sich durchgesetzt hatten. Doch schon abgesehen davon »... waren die alten Hebräer und die frühen Christen eindeutige Gegner der Vorstellung einer ewigen Wiederkehr. Die Israeliten feierten zwar alljährlich wiederkehrende Feste und sprachen von der ›Rückkehr‹, der ›Wiederkunft‹ und dem ›Kreislauf‹ der Jahreszeiten und anderer natürlicher Abläufe. Doch es ist erstaunlich, wie sehr sie zu historischem Denken fähig waren, während für die benachbarten Völker das Leben des Menschen im Banne ›unhistorischer, zyklisch orientierter Naturmythologie und magisch schicksalhaften Verhängnisses‹ stand [hier zitiert er V. Hamp]. ... Soweit zumindest ist also an der Gegenüberstellung jüdischchristlich-linear/griechisch-zyklisch festzuhalten.« Trompf, S. 118 ff.

8 Von einem »Credo ... mit allen Anzeichen hohen Alters« spricht G. von Rad, *Theologie des Alten Testaments*, Bd. 1: *Die Theologie der geschichtlichen Überlieferungen Israels*, München 1987, S. 135 [ursprünglich *Einführung in die evangelische Theologie*, Bd. 1, München 1960]. Vgl. auch die etwas weitschweifigere Darstellung in Jos. 24, 2–14.

9 Y. Kaufmann, *Toledot Ha-'emunah Ha-Yisraelit* [»Geschichte der israelitischen Glaubens«], Jerusalem/Tel Aviv 1954, Bd. 1, S. 190–94 und Bd. 2, 378 ff. Ausführlicher in ders., *The Biblical Account of the Conquest of Palestine*, Englisch v. M. Dagut, Jerusalem 1954, bes. S. 46–56.

10 Von Rad hat den wesentlichen Aspekt gut herausgearbeitet: »Die historische Dichtung war die Form, in der sich auch Israel der geschichtlichen Fakten, d.h. ihres Ortes und ihrer Bedeutung, vergewisserte. Die Dichtung war ja in jenen Zeiten überhaupt die einzig mögliche Aussageform für bestimmte grundlegende Erkenntnisse. Sie stand ja nicht wahlweise – also etwa als eine gesteigerte Form der

Aussage – neben der Prosa zur Verfügung, sondern sie allein ermöglichte es einem Volk, Erfahrungen, die es in seiner Geschichte gemacht hat, in einer Weise auszusprechen, die das Vergangene in einer vollkommenen Weise gegenwärtig werden ließ. Bei der Sage haben wir es gelernt, diesen Deutungskoeffizienten in Rechnung zu setzen; bei den Kunsterzählungen – sie reichen vom Hexateuch bis zum 2. Königsbuch –, die wir zunächst auch als Dichtungen anzusprechen haben, müssen wir ihn jeweils noch mehr in seiner Eigenart erfassen lernen. ... Das Verständnis von Listen und Annalenstücken ist unabhängig von glaubensmäßigen Voraussetzungen. Diese Erzählungen aber wenden sich an ein Einverständnis, sie reden zu solchen, die bereit sind, in der gleichen Richtung zu fragen und Antwort zu empfangen. « G. von Rad, *Die Theologie der geschichtlichen Überlieferungen Israels*, Bd. 1, S. 121 f.

11 Das Verhältnis der beiden ist problematisch. Momigliano vertritt eine gängige Auffassung, wenn er schreibt: »Der hebräische Geschichtsschreiber erhob nie den Anspruch, Prophet zu sein. Er sagte nie: ›Der Geist des Herrn ruht auf mir.‹ Doch im Text der historischen Bücher der Bibel kommen ständig Propheten vor, die die Ereignisse interpretieren, weil sie wissen, was war, was ist und was sein wird. Der Historiker ordnet sich, ohne dass dies ausdrücklich gesagt wird, dem Propheten unter und übernimmt dessen Wertvorstellungen.« *Essays in Ancient and Modern Historiography*, S. 195. Im Gegensatz dazu fällt aber auf, dass in den historischen Büchern der Bibel außer Jesaia keiner der klassischen Propheten überhaupt genannt wird. Noch wichtiger scheint mir, dass in der ganzen historischen Literatur vom Fünften Buch Mose bis zum Zweiten Buch der Könige die großen Katastrophen durch Sünden des Volkes wider Religion oder Kult ausgelöst werden, nicht aber, wie von den Propheten seit Amos verkündet, durch gesellschaftliches oder moralisches Übel. Vgl. Y. Kaufmann, *Toledot*, Bd. 1, S. 25–31. Ich bin im Wesentlichen mit ihm der Meinung, dass hebräische Geschichtsschreibung und Prophezeiung sich im israelitischen Monotheismus von einer gemeinsa-

men Basis ausgehend unabhängig voneinander entwickelt haben.

12 Z. B. verlorene Werke wie die »Chronik von Salomo« (1. Kön. 11,41) und die Bücher der »Chroniken« der Könige von Juda und Israel (1. Kön. 1,18 bzw. 14,19 und häufig danach).

13 Zur hellenistisch-jüdischen historischen Literatur, von der sich abgesehen von Makkabäer 1–3 nur fragmentarische Zitate erhalten haben, siehe E. Schürer, *Geschichte des jüdischen Volkes im Zeitalter Jesu Christi*, Leipzig 1901–11, Bd. 3, S. 468–97; R. H. Pfeiffer, *History of New Testament Times, with an Introduction to the Apocrypha*, New York 1949, S. 200–06; Y. Gutman, *Ha-sifrut Ha-Yehudit HaHellenistit* [»Jüdisch-hellenistische Literatur«], Bd. 1, Jerusalem 1958, S. 132–39, und Bd. 2, Jerusalem 1963, S. 73–143.

14 Man sollte sich über die doppelte Konsequenz dieser ritualisierten ständigen Lesungen aus der Heiligen Schrift im Klaren sein. Ob es nun nach einem oder nach drei Jahren wieder von vorne anfing – die historischen Berichte gewannen in jedem Fall etwas Zyklisches. Auf diesen Aspekt komme ich im zweiten Kapitel zurück.

15 Ich meine Josef ben Joschua Ha-Kohen aus Avignon, auf den ich im dritten Kapitel zu sprechen komme.

16 Vgl. Midrasch Bereschit Rabbah 3,5 und 9,2. J. Theodor und Ch. Albeck zitieren in ihrer Ausgabe (Nachdruck Jerusalem 1965), Band 1, S. 23 bzw. 68 auch Parallelpassagen.

17 Siehe z. B. in der Bibel Jes. 27,1, 51,9; Ps. 74,13–14, 89,11; Hiob 9,13, 26,12–13. Im Vergleich dazu in der rabbinischen Literatur Babylonischer Talmud (BT) Baba Bathra 74b; Midrasch Schemot Rabbah 15,22; Midrasch Bamidbar Rabbah 18,22, 21,18; Midrasch Tanhuma Hukkat 1. Vgl. auch BT Hagiga 12a.

18 Louis Ginzberg, *Legends of the Jews*, 7 Bde., Philadelphia 1909–38, bzw. *Die Legenden der Juden*, Berlin 2022.

19 Auf dieses Problem wurde man schon gegen Ende des 19. Jahrhunderts aufmerksam. So konnte z. B. Israel Lévi

schreiben: »Que de mal se sont donné les savants, depuis Krochmal jusqu'à notre regretté maître Joseph Derenbourg, pour découvrir dans les sources talmudiques des renseignements sur l'histoire juive avant l'ère chrétienne, et que restera-t-il un jour de ce labeur prodigieux! Quand on reprend froidement tous ces textes sur lesquels on a cru pouvoir edifier des constructions historiques, on est tout surpris d'en reconnaître la fragilité: ce sont tres souvent de simples aggadot, des anecdotes imaginées de toutes pièces en vue de l'edification ou même de l'amusement des lecteurs ...« »Les sources talmudiques de l'histoire juive«, in: *Revue des études juives* 35 (1897), S. 213. Offener sieht die Fragen J. Neusner in »The Religions Uses of History. Judaism in First Century A. D. Palestine and Third Century Babylonia«, in: *History and Theory* 5 (1966), S. 154. Ausgangspunkt für Neusners Aufsatz sind die rabbinischen Reaktionen auf die Zerstörung des Zweiten Tempels und den Aufstieg der Sassaniden; formuliert und untersucht werden einige entscheidende Probleme der rabbinischen Einstellung zur Geschichte überhaupt.

20 Die wertvollste Analyse des rabbinischen Geschichtsverständnisses auf der Grundlage rabbinischer statt fremder Vorstellungen findet sich immer noch in N. N. Glatzers *Untersuchungen zur Geschichtslehre der Tannaiten*, Berlin 1933.

21 Z. B. Midrasch Bereschit Rabbah 46,4: »R. Huna erklärte im Namen von Bar Kappara: Abraham saß da und leitete ein *gezerah shavah* ab [eine auf Wortentsprechungen basierte Analogie zweier Gesetze – eines der logischen Verfahren rabbinischer Hermeneutik]. ... R. Hanina bar Pazi sagte zu ihm: ›Also waren schon Abraham *gezerot shavot* gegeben!?‹« Vgl. auch ebd. 63,7 [nachdem Gen. 25,22 so interpretiert wurde, dass Rebekka in Lehrhäuser ging]: »Also gab es damals schon Synagogen und Lehrhäuser?«

22 BT Menahoth 29b. Hervorhebungen von mir.

23 Einschlägig dazu vor allem die Formulierung im Jerusalemer Talmud *Pea* 17,1: »Alles, was ein gereifter Schüler vor

seinem Meister auslegen wird, wurde Moses schon am Sinai gesagt.«

24 Wichtige Versuche, die latenten Strukturen des rabbinischen Denkens offenzulegen, finden sich in M. Kadushins Werken *Organic Thinking*, New York 1938, und *The Rabbinic Mind*, New York 1952. Die wertvollste und umfassendste Arbeit speziell zur aggadischen Interpretation ist Y. Heinemann, *Darkey Ha'-Aggadah* [»Die Methoden der Aggada«], Jerusalem 1940, [2]1954. Die auffallende Ähnlichkeit zwischen bestimmten hermeneutischen Regeln der Rabbinen bei der Bibelinterpretation und denen der alexandrinischen Grammatiker bei der Homer und Hesiod-Interpretation hat S. Lieberman in *Hellenism in Jewish Palestine*, New York 1950, herausgearbeitet; siehe das Kapitel »Rabbinic Interpretation of Scripture«, S. 47–82.

25 Der aramäische Urtext wurde zusammen mit den viel späteren hebräischen Scholien mehrmals ediert: Siehe A. Neubauer, in: *Mediaeval Jewish Chronicles* 2, S. 3–25; S. Zeitlin, *Megillat Taanit as a Source for Jewish Chronology and History in the Hellenistic and Roman Periods*, Philadelphia 1922; H. Lichtenstein, »Die Fastenrolle. Untersuchung zur Jüdisch-Hellenistischen Geschichte«, in: *Hebrew Union College Annual* 8/9 (1931/32), S. 257–351 (die grundlegende Arbeit), sowie zuletzt B. Z. Lurie, Megillat Ta'anit, Jerusalem 1964, mit Einleitung und Kommentar auf Hebräisch. Obwohl Lurie den Text als historische *Quelle* für die Hasmonäerzeit untersuchen will, nennt er – was nicht weiter überrascht – das Werk »in seiner Form einzigartig in unserer *alten historischen Literatur*« (S. 9, Hervorhebung von mir).

26 Zur Unterscheidung von der sogenannten *Seder 'Olam Zuta*, der späteren »Kleinen Weltordnung«, einem geonischen Werk, bezeichnet man diesen Text meist als *Seder 'Olam Rabbah* [»Größere Weltordnung«]; Ausgaben von Neubauer, *Mediaeval Jewish Chronicles* 2, S. 26–67, und von B. Ratner, Wilna 1897. Eine Ausgabe mit deutscher Übersetzung von A. Marx, Berlin 1903, umfasst nur die ersten zehn Kapitel und wurde nie abgeschlossen.

27 Ein extremes Beispiel bietet in jüngerer Zeit B. Dinurs Beitrag »Ha-Fragmentim Ha-Histori'im be-Sifrut Ha-Talmud uBa'ayot Ha-Heker Bahem« [»Historiografische Fragmente in der talmudischen Literatur und die Probleme ihrer Untersuchung«] in: *Proceedings of the Fifth World Congress of Jewish Studies* (1969), Jerusalem 1972, Bd. 2 [Hebräische Abteilung], S. 137–46, mit einer Zusammenfassung auf Englisch [Englische Abteilung], S. 251–52.

28 »Seitdem die letzten Propheten, Haggaj, Zekharja und Maleakhi, gestorben sind, wich der heilige Geist von Jisraél« Mischna Seder Nashim: Tosefra Sota I 3; BT Sota 48b, BT Joma 9b, BT Synhedrin 11a. Vgl. *Seder 'Olam Rabba*, Kap. 30 (Edition Neubauer, S. 65): »*Der Ziegenbock aber ist König von Griechenland* [Dan. 8,21] – das heißt, Alexander von Mazedonien. Bis dahin prophezeiten die Propheten durch den Heiligen Geist; seither neige dein Ohr und höre auf die Worte der Weisen.« So jedenfalls die herrschende Meinung; in Wahrheit blieb eine Variante der »Prophezeiung« tonangebend, die sich in der apokalyptischen Literatur herauskristallisiert hatte.

29 Der *locus classicus* findet sich BT Joma 9b: »Weshalb wurde der erste Tempel zerstört? Wegen dreier Sünden, die da begangen wurden: Götzendienst, Unzucht und Blutvergießen. ... Weswegen aber wurde der zweite Tempel zerstört, bei [dessen Bestehen] sie sich ja mit der Tora, gottgefälligen Handlungen und Liebeswerken befassten? Weil dann grundlose Feindschaft herrschte.«

30 Midrasch Wayyikra Rabbah 29,2. Die Zahl der Sprossen bedeutet die Jahre der Herrschaft über Israel. Der Adler wird plausiblerweise als Symbol für Rom gedeutet.

31 BT Synhedrin 98a. Weitere Variationen dieses Themas erörtert A. Berger in »Captive at the Gate of Rome. The Story of a Messianic Motif«, in: *Proceedings of the American Academy for Jewish Research* 44 (1977), S. 1–17.

32 Die Auffassung, es habe keine rabbinische Verschwörung zur Ausmerzung der Erinnerung an die Hasmonäer-Dynas-

tie gegeben, vertritt vehement G. Alon in »Ha-Hishkihah Ha-'Umah va-Hakhameha'et ha-Hashmona'im?‹ [»Haben das Volk und seine Weisen die Hasmonäer in Vergessenheit geraten lassen?«]. Nachgedruckt in Alons *Mehquarim be-Toledot Yisrael* [»Untersuchungen zur jüdischen Geschichte«], Jerusalem 1967, Bd. 1, S. 15–25. Wie dem auch sei, fest steht, dass die Rabbinen keinen Versuch unternahmen, die Geschichte der Makkabäer aufzuzeichnen oder sonst vor dem Vergessen zu bewahren.

33 Siehe die schematische Übersicht in A. H. Silver, *A History of Messianic Speculation in Israel*, Nachdruck Boston 1959, Teil II (»Opposition to Messianic Speculation«), S. 195–239, sowie vor allem G. Scholem, »Zum Verständnis der messianischen Idee im Judentum«, in: *Eranos-Jahrbuch* 28 (1959), S. 193–239; neu abgedruckt in: ders., *Judaica* 1, Frankfurt/Main 1977, S. 7–74.

34 BT Synhedrin 97b.

35 Es erübrigt sich fast zu sagen, dass viele Berichte über Alexander Jannäus in der rabbinischen Literatur unhistorisch sind. Zu den rabbinischen Quellen vgl. B. Lurie, *Yannai Ha-Melech*, Jerusalem 1960, sowie vom selben Autor *Mi-Yannai'ad Hurdus*, Jerusalem 1974, bes. Kap. 14–18.

36 Siehe L. Ginzberg, »The Mishnah *Tamid*«, in: *Journal of Jewish Lore and Philosophy* 1 (1919), S. 33–44, 197–209, 265–95.

37 Auch hier ist charakteristischerweise zwar das Martyrium der jüdischen Gelehrten durch die Hand der Römer an sich zweifellos historisch, während die Überlieferung problematisch und in den Details voll aggadischer Ausschmückungen ist. Siehe L. Finkelstein, »The Ten Martyrs«, in; *Essays and Studies in Memory of Linda R. Miller*, New York 1938, S. 29–55; vgl. auch S. Lieberman, »The Martyrs of Caesaria«, in: *Annuaire de l'Institut de Philologie et d'Histoire Orientales et Slaves* 7 (1939–44), bes. S. 416 ff.

38 Ein gewisses Unbehagen über die Legitimation des Segens schwingt in BT Sabbath 23a nach: »Wie lautet der Segens-

spruch? – ›Dass er uns durch seine Gebote geheiligt, und uns befohlen hat, das Hanukalicht anzuzünden?‹ – Wo hat er uns dies befohlen? – R. Ivja erwiderte: Dies geht hervor aus [dem Verbote]: *du sollst nicht abweichen* [von der Weisung, die die Priester geben (Deut. 17,11)]. R. Nehemja erwiderte: Aus [dem Verse]: *frage deinen Vater, dass er es dir sage, deine Greise, dass sie es dir erzählen* (Deut. 32,7).« Vgl. auch *Midrasch Tehillim* 22,10: »Rabbi Benjamin bar Japheth lehrte im Namen Rabbi Eleazars: ›Wie die Nacht mit der Dämmerung endet, so endeten alle Wunder mit Esther.‹ Doch was ist mit Hanuka? Wir sprechen jedoch nur von den Wundern, die in der Schrift verzeichnet sind.«

Das Mittelalter

39 »Epochen historischer Kreativität« bei den Juden des Mittelalters will H. H. Ben-Sasson feststellen in »Limegamot hakronografiah ha-Yehudit Shel Yemey Ha-Benayim« [»Tendenzen in der jüdischen Chronografie des Mittelalters«], in: *Historionim ve'Askolot Historiot* [»Historiker und historische Schulen«. Siebter Kongress der Historischen Gesellschaft von Israel], Jerusalem 1962, S. 29–49. Ich bin dieser Auffassung entgegengetreten in »Clio and the Jews«, in: *Proceedings of the American Academy for Jewish Research* 46/47 (1979/80), S. 615.

40 Die jüdische Überlieferungsgeschichte und ihre islamischen Parallelen behandelt G. D. Cohen in der Einleitung zu seiner kritischen Ausgabe nebst englischer Übersetzung von Ibn Dauds *Sefer Ha-Qabbalah. The Book of Tradition*, Philadelphia 1967, S. 50–57. Die klassische »Kette der Überlieferung« findet sich bekanntlich im ersten Kapitel der Mischna Abot. Ähnliche griechische Folgen und ihren möglichen Einfluss erörtert E. Bickerman, »La chaine de la tradition pharisienne«, in: *Revue Biblique* 59 (1952), S. 44–54.

41 Vgl. die Einleitung zu Scheriras *Iggeret*, hgg. v. B. M. Lewin, Haifa 1921, Nachdruck Jerusalem 1972, S. 5–6.

42 Maimonides, *Epistle to Yemen*, jüdisch-arabischer Text und drei hebräische Übersetzungen aus dem Mittelalter, hgg. v. A. S. Halkin, Englisch von B. Cohen, New York 1952, S. xviii–xx. Deutsch in: S. Powels-Niami (Hg.), *Der Brief in den Jemen: Texte zum Messias*, Berlin 2002, S. 27–86.

43 Maimonides, *Kitāb al-Sirāj* (»Kommentar zur Mischna«), *Sanhedrin*, 10,1. Vgl. *Guide of the Perplexed* (Moreh Nebukhim), 1,1, Englisch von S. Pines, Chicago 1963, Bd. 1, S. 24; Deutsch von A. Weiß, *Führer der Unschlüssigen*, 3 Bde., Leipzig 1923/24. Nachdruck 1995. In der Einleitung zu seinem Mischnakommentar setzt Maimonides sogar die Bedeutung der Traditionskette selbst herab, die »keinen großen Nutzen für den Glauben an den Herrn« hat, aber von dem studiert werden darf, »der in seinem Mischnastudium Vollständigkeit anstrebt«. Zu Maimonides und der arabischen Geschichtsschreibung siehe S. W. Baron, »The Historical Outlook of Maimonides«, in: *Proceedings of the American Academy for Jewish Research* 6 (1935), Nachdruck in Barons *History and Jewish Historians*, Philadelphia 1964, bes. S. 110–14. Dabei hatte Maimonides durchaus Gespür und Interesse für Historisches. Den Stellenwert und die Wirkung seiner Tendenz, bestimmte biblische Gesetze durch die Behauptung zu »historisieren«, sie seien gegeben worden, um die alten Israeliten von den heidnischen (»sabäischen«) Praktiken ihrer Zeit abzubringen, untersuchen A. Funkenstein, »Gesetz und Geschichte. Zur historisierenden Hermeneutik bei Maimonides und Thomas von Aquin«, in: *Viator* 1 (1970), 147–78, sowie neuerdings I. Twersky, *Introduction to the Code of Maimonides*, New Haven, Connecticut 1980, S. 220–28, 389 ff.

44 Moses Ibn Esra, *Kitab* al-Muhadara wal-Mudhakara [»Buch der Erörterungen und Erinnerungen«], hgg. und [aus dem Arabischen] ins Hebräische übersetzt von A. S. Halkin, Jerusalem 1975, S. 50 f.

45 Salomo Ibn Verga, *Schevet Jehuda*, hgg. von A. Shohat, mit einer Einleitung von Y. Baer, Jerusalem 1947, S. 21, bzw.

Deutsch von M. Wiener: *Schevet Jehuda. Ein Buch über das Leiden des jüdischen Volkes im Exil*, Berlin 2006.

46 Einen Überblick einschlägiger Werke bis zum 13. Jahrhundert bietet S. W. Baron, *A Social and Religious History of the Jews*, 2. neubearb. Aufl., New York 1952 ff., Bd. 6, S. 188–234 (Baron behandelt diese Werke bezeichnenderweise im Rahmen eines Kapitels über »Homiletische und historische Schriften«).

47 Eine kritische Ausgabe hat jetzt D. Flusser vorgelegt: *Sefer Yosippon*, 2 Bde., Jerusalem 1978–80.

48 Erstveröffentlichung in *Ozar Tob*, Beiheft zum *Magazin für die Wissenschaft des Judenthums*, Berlin 1877/78, S. 17–18. Nachgedruckt in: *Sefer Yosippon*, hgg. von H. Hominer, Jerusalem 1965, S. 37.

49 Nachgedruckt bei Hominer (Hg.), S. 41.

50 Aus der umfangreichen Literatur über das Werk und seinen anonymen Autor siehe besonders Y. Baer, »Sefer Yosippon Ha-'ibri«, in: ders., *Sefer Dinaburg*, Jerusalem 1949, S. 128–205; D. Flusser, »Mehaber Sefer Yosippon. Demuto u-Tequfato« [»Der Verfasser des Josippon. Sein Bild und seine Zeit«], in: *Zion* 18 (1953), S. 109–26; ders., »Mehaber Sefer Ha-Yosippon Ke-Historion« [»Der Verfasser des Josippon als Historiker«], in: *Meqomam Shel Toledot 'Am Yisrael be-Misgeret Toledot Ha-Amim* [»Die Stellung der jüdischen Geschichte innerhalb der Geschichte der Völker«, Sechzehnter Kongress der Historischen Gesellschaft von Israel], Jerusalem 1973, S. 203–26; ders., *Sefer Yosippon*, Bd. 2.

51 *Sefer Yosippon*, hgg. von Hominer, S. 43.

52 S. Kraus, »Ha-Shemot Ashkenaz u-Sefarad« [»Die Namen ›Aschkenas‹ und ›Sefarad‹«], in: *Tarbiz* 3 (1931/32), S. 423–35; ders., »Die hebräischen Benennungen der modernen Völker«, in: *Jewish Studies in Memory of George A. Kohut*, New York 1935, S. 379–412. Vgl. auch A. I. Laredo und D. G. Maeso, »El nombre de ›Sefarad‹«, in: *Sefarad* 4 (1944), S. 349–63.

53 Eine Fülle von Material bieten die Anthologien von Y. Eben-Shemuel, *Midreshey ge'ulah* [»Jüdische apokalyptische Texte vom 6. bis zum 13. Jahrhundert«], Jerusalem und Tel Aviv ²1954; und A. Z. Aescoly, *Ha-Tenu'ot Ha-Meshihiot be-Yisrael* [»Jüdische messianische Bewegungen, vom Aufstand Bar Kochbas bis zur Vertreibung der Juden aus Spanien«], Jerusalem 1956.

54 Alle vier hebräischen Kreuzzugschroniken wurden von A. Neubauer und M. Stern mit einer deutschen Übersetzung von S. Baer unter dem Titel *Hebräische Berichte über die Judenverfolgungen während der Kreuzzüge* herausgegeben (Quellen zur Geschichte der Juden in Deutschland, Bd. 2, Berlin 1892) sowie von A. M. Habermann in *Sefer Gezerot Ashkenaz ve-Zarefat* [»Das Buch der Verfolgungen in Deutschland und Frankreich«], Jerusalem 1945. Auch eine englische Übersetzung liegt jetzt vor: *The Jews and the Crusaders. The Hebrew Chronicles of the First and Second Crusades,* Madison, Wisconsin 1977.

55 Zum Niedergang Babyloniens und dem Aufstieg neuer Zentren, allerdings im Gewand der Legende, vgl. *Sefer HaQabbalah,* hgg. von G. D. Cohen, S. 46 ff. (Hebräisch), S. 63 ff. (Englisch), sowie Cohens Detailanalyse »The Story of the Four Captives«, in: *Proceedings of the American Academy for Jewish Research* 29 (1960/61), S. 55–131. Zur Verlagerung ins christliche Spanien nach der Eroberung der Almohaden siehe *Sefer Ha-Qabbalah,* S. 70 ff. (Englisch), S. 96 ff. (Hebräisch).

56 *Sefer Gezerot Ashkenaz veZarefat,* hgg. v. Habermann, S. 32; S. Baers Übersetzung in Neubauer/Stern 1892, zitiert nach H. J. Schoeps, *Jüdische Geisteswelt. Zeugnisse aus zwei Jahrtausenden,* Hanau 1986, S. 149.

57 Vgl. Cohens Untersuchung über »The Symmetry of History« in der Einleitung zum *Sefer Ha-Qabbalah,* S. 189–222.

58 Das *Josippon* wurde um 1480 in Mantua gedruckt, 1510 in Konstantinopel, 1544 in Venedig und 1589 in Krakau. *Seder*

'Olam Rabba, Seder 'Olam Zuta und *Sefer Ha-Qabbalah* wurden in einem Band zusammen mit *Megillat Taanit* und Ibn Dauds kurzem *Zikhron Beney Romi* 1513 in Mantua und 1545 in Venedig gedruckt. *Iggeret R. Scherira* erschien zusammen mit einer hebräischen Übersetzung von Josephus' *Contra Apionem* als Anhang zum *Sefer Juchasin* des Chronisten Abraham Zacuto (ca. 1440–1515) 1566 in Konstantinopel und 1580/81 in Krakau im Druck.

59 Vgl. M. Gaster, »The Scroll of the Hasmoneans«, in: ders. (Hg.), *Studies and Texts in Folklore, Magic, Medieval Romance, Hebrew Apocrypha, and Samaritan Archeology*, London 1925–28, Nachdruck New York 1971, Bd. 1, S. 165–83 (mit Bibliografie und englischer Übersetzung; aramäischer Text Bd. 3, S. 33–43). Eine neue Edition des Textes samt sprachlicher Analyse und Bibliografie seit Gasters Ausgabe bietet M. Z. Kedari, »Megillat Antiochus Ha-'Aramit«, in: *Bar-Ilan* 1 (1963), S. 81–105, und 2 (1964), S. 178–214.

60 Dass im Rückblick die nationale Katastrophe immer ganz eindeutig auf den 9. Aw datiert wurde, bleibt ein schlagendes, wenn auch keineswegs das einzige Beispiel für diese Denkweise. Aus der Bibel stammt das Datum nicht; in 2. Könige 25,8–9 brennt der Tempel am *siebten* Tag des fünften Monats, in Jer. 52,12 am *zehnten*. Für die Zerstörung beider Tempel geben sowohl Josephus (*Der jüdische Krieg*, 6, iv, 5) als auch BT Taánith 29a den 10. Aw (bei Josephus heißt der Monat »Lous«). Dennoch wurde der 9. Aw zum gängigen Datum für diese und andere Katastrophen. So heißt es z. B. Mischna Taánith 4,6: »Fünf [unglückliche] Ereignisse trafen unsere Vorfahren am siebzehnten Tammuz, und fünf am neunten Ab. ... Am neunten Ab wurde über unsere Vorfahren verhängt, nicht in das [gelobte] Land einzuziehen, das erste und das zweite Mal der Tempel zerstört, Bitther erobert und die Stadt [Jerusalem] geschleift.« Angesichts des Gewichts dieser Überlieferung überrascht es nicht, dass sich in späteren Zeiten dieselbe Tendenz findet. So datierte man auch die Vertreibung aus Spanien auf den 9. Aw (als Erster tat dies, soweit ich sehe, Isaak Abravanel; vgl. seinen

Kommentar zu Jer. 2,24), obwohl der letzte Jude das Land am 31. Juli verlassen zu haben scheint, was dem 7. Aw entspricht. Siehe Y. Baer, *A History of the Jews in Christian Spain*, Philadelphia 1961, Bd. 2, S. 439.

61 Näheres dazu bei E. Mahler, *Handbuch der jüdischen Chronologie*, Leipzig 1916, S. 137–59. Das Zeitalter der Schöpfung findet sich zwar auch schon im Talmud (BT Ăboda zara 9b), wurde aber frühestens in der geonischen Zeit allgemein gebräuchlich. Maimonides benutzt alle drei Zeitrechnungen nebeneinander in *Mischneh Torah*, Shemittah we-Yobel, 10,4.

62 Im frühen 14. Jahrhundert meinte Isaak Israeli, der legendäre Jerusalem-Besuch Alexanders des Großen sei der Anfang der Seleukidenzeit gewesen; vgl. *Sefer Yesod 'Olam*, Berlin 1777, S. 84. Für Maimonides war *Minyan Schetarot* gleichbedeutend mit »Malkhut Aleksandrus Muqdon« [»Herrschaft Alexanders von Makedonien«]; vgl. *Mischneh Torah*, Geruschin, 1, 27. Siehe auch Mahler, *Handbuch*, S. 144–46.

63 Dieser Vorstoß erfolgte um 1511 durch Rabbi David Ibn Abi Zimra, den Oberrabbiner von Ägypten. Siehe Hayyim Yosef David Azulai, *Shem Ha-Gedolim*, Livorno 1774, fol. 17a. In Europa bediente man sich der seleukidischen Zeitrechnung schon damals nur noch selten; die jemenitischen Juden dagegen benutzten sie bis weit ins 20. Jahrhundert.

64 Dieses Problem erörtert auch G. Scholem in seinem Essay »Tradition und Neuschöpfung im Ritus der Kabbalisten«, ursprünglich im Eranos-Jahrbuch 1953, hier zitiert nach *Zur Kabbala und ihrer Symbolik*, Frankfurt/Main 1973, S. 159–207. Scholem unterscheidet scharf zwischen kabbalistischen Ritualen, die – in Mythen und Magie verwurzelt – in den oberen Welten Veränderungen bewirken, und den Gedenkritualen des rabbinischen Judaismus, die keine derartige Macht für sich in Anspruch nehmen (es sei denn, eine kabbalistische Dimension wäre zusätzlich hinzugekommen). »Kein magischer Vollzug«, schreibt er, »begleitet solcherart den geschichtsdurchtränkten Ritus. Die Riten der Erinne-

rung *wirken* nicht, ... und was sie so ganz ohne beschwörende Geste ›heraufbeschwören‹, ist nur das Eingedenken, die Gemeinschaft der Geschlechter und die Identifikation des Frommen mit der gründenden Erfahrung der Generation, die die Offenbarung empfing. Der Ritus des rabbinischen Judentums wirkt nichts und *verwandelt* nichts. Das Pathos der Erinnerung, wenn auch nicht ohne tiefere Gefühlserfüllung, ist doch nüchterner als das der Beschwörung, und es liegt in der Tat etwas seltsam Nüchternes und Herbes über den Riten des Eingedenkens, mit denen der Jude sich seine unverwechselbare, historische Identität ins Bewusstsein ruft« (ebd., S. 163).

Bei der Lektüre dieser Charakterisierung drängt sich die Frage auf, ob es um Halacha, Ritual und Liturgie der rabbinischen Tradition heute vielleicht ähnlich steht wie um jüdische Mystik und Kabbala in der Zeit, bevor Scholem mit seinem epochemachenden Werk ihr inneres Leben offenbarte. Scholem selber erkennt, freimütig wie immer, dass seine Kennzeichnung ein neues Problem aufwirft. »Das Erstaunliche dabei ist«, fährt er fort, »dass ein Ritual, das mit solchem Nachdruck und Bewusstsein auf allen kosmischen Vollzug Verzicht geleistet hat, viele Generationen in ungebrochener Kraft sich behauptet, ja immer weiter sich entwickelt hat. Die Frage, welcher Art eigentlich jene Mächte des Eingedenkens sind, die diese Leistung zuwege brachten, sowie die weitere Frage, ob nicht trotz allem im geheimen doch noch andere Momente an dieser Kraft der Ausdauer teilgehabt haben, wäre von einer in die Tiefe dringenden, echten Phänomenologie des rabbinischen Judentums aufzuwerfen und zu beantworten« (ebd., S. 163 f.). Leider sind bisher keine Anzeichen zu erkennen, dass eine solche Phänomenologie erarbeitet wird.

65 Diese Klage (*'Esh Tuqad beQirbi*) von unbekannter Hand taucht in vielen Anthologien auf; vgl. I. Davidson, *Ozar Ha-Shirah Veha-Piyyut* [»Thesaurus Hebräischer Dichtung des Mittelalters«], New York 1924, Bd. 1, Nr. 7726. Ich zitiere nach *Seder Tefillah le-Ta'anit* [»Fasttagsgebete«, sephardischer Ritus], Amsterdam 1726, fol. 83 ff.

66 Diese eigentümliche Kraft von *Ha Lahma* ist m. E. ein wesentlicher Bestandteil des Textes selber. Indirekt zeigt sich diese Wirkung auch an einer Lesart mancher Haggadatexte, wo es *KeHa Lahma* – »*wie* dieses Brot« – heißt oder gar *Ha Ke-Ha Lahma* – »dies [ist] *wie* das Brot«. (Siehe M. M. Kasher, *Haggadah Shelemah*, 3. Aufl., Jerusalem 1967, im kritischen Apparat zum Text, S. 5.) Die Einfügung des Partikels *ke* (»wie«) kennzeichnet ein ängstliches Gemüt, das die völlige Gleichsetzung in der ursprünglichen Lesart nicht ertragen konnte. Wer immer die Änderung vornahm, ließ sich nicht nur einen fürchterlichen grammatikalischen Schnitzer im Aramäischen zuschulden kommen – er hatte auch einfach nicht begriffen, worum es geht. Im 16. Jahrhundert hat Rabbi Juda Loew (MaHaRaL) aus Prag die Änderung verworfen, und zwar unter Berufung auf Exod. 16,32 – »*damit sie sehen das Brot*, das ich euch habe zu essen gegeben in der Wüste, da ich euch geführt aus dem Lande Mizrajim Ägypten« (*Geburot Hashem*, New York 1969, S. 218).

67 Mischna Pesachim, 10,5.

68 Siehe M. Steinschneider, *Die Geschichtsliteratur der Juden*, Berlin 1905 ff., und die Texte in Anthologien wie Habermann, *Sefer Gezerot Ashkenaz ve-Zarefat*, und S. Bernfeld, *Sefer Ha-Dema'ot* [»Buch der Tränen«], 3 Bde., Berlin 1924–26. Eine vollständige Sammlung mittelalterlicher *selichot* und *qinot* (»Klagen«), die auf historische Ereignisse zurückgehen, bleibt ein Desiderat.

69 Herausgegeben und ins Deutsche übersetzt von S. Salfeld, *Das Martyrologium des Nürnberger Memorbuches* (Quellen zur Geschichte der Juden in Deutschland, Bd. 3, Berlin 1898). Die Einleitung gibt S. xvi–xxxix eine Liste von Memorbüchern aus 55 Gemeinden. Weitere Hinweise bei Steinschneider, *Geschichtsliteratur*, Nr. 24.

70 Siehe M. Steinschneider, »Purim und Parodie«, in: *Monatsschrift für Geschichte und Wissenschaft des Judentums* 47 (1903), S. 283–86. Eine weitere (unvollständige) Liste findet sich in der englischen *Encyclopedia Judaica*, Bd. 13, s. v.

»Purim«. Zweite Purimfeste wurden bis weit in die Neuzeit hinein geschaffen. Vgl. C. Roth, »Some Revolutionary Purims (1790–1801)«, in: *Hebrew Union College Annual* 10 (1935), S. 451–83 (hauptsächlich über Rettung im Chaos der napoleonischen Invasionen in Italien).

71 Siehe das Gedicht »*'Eloha 'oz*« in: D. Yarden (Hg.), *Divan Schemuel Ha-Nagid*, Jerusalem 1966, S. 4–14.

72 Vgl. den kurzen Bericht von Meir ben Isaak in: Neubauer, *Mediaeval Jewish Chronicles* 2, S. 251, sowie D. Kaufmann, »Le Pourim de Narbonne«, in: *Revue des études juives* 32 (1896), S. 129–30.

73 Den hebräischen Text edierte M. Slatki, *Ner Moscheh*, Jerusalem 1882, fol. 83–84. Zur Verwechslung von Syrakus und Saragossa siehe D. Simonsen, »Le Pourim de Saragosse est un Pourim de Syracuse«, in: *Revue des études juives* 59 (1910), S. 90–95.

74 Die Ereignisse schildert Samuel ben Saadya Ibn Danan in *Siddur 'Ahabat Ha-Qadmonim* [»Gebetbuch nach dem Ritus von Fez«], Jerusalem 1889, fol. 12b–13a. Eine spanische Übersetzung der alljährlich bei dieser Gelegenheit gelesenen Rolle bietet F. Cantera Burgos, »El ›Purim‹ del Rey Don Sebastián«, in: *Sefarad* 6 (1945), S. 224 ff., eine französische A. I. Laredo in seinem Aufsatz »Les Purim de Tanger«, in: *Hespéris* 35 (1948), S. 193–203, auf S. 197–99, mit Faksimile. Vgl. auch G. Vajda, *Un recueil de textes historiques Judeo-Marocains* (Nachdruck aus *Hespéris* 25–26), Paris 1951, S. 15–17, mit französischer Übersetzung eines Manuskripts des Berichtes von Ibn Danan mit einigen Abweichungen. Beim sogenannten »Purim de las bombas«, welches manchmal mit dem von Sebastian verwechselt wird, handelt es sich um ein ganz anderes Purimfest mit eigener Schriftrolle. Es geht dabei um die Errettung während der Bombardierung Tangers durch ein französisches Geschwader im Jahre 1844; vgl. Laredo, S. 199 ff.

75 Mit englischer Übersetzung hgg. v. G. Margoliouth, »Megillat Missraim, or the Scroll of the Egyptian Purim«, in: *The*

Jewish Quarterly (Alte Serie) 8 (1896), S. 274–88. Mehrere Redaktionen der Schriftrolle sind erhalten. Zu einer früheren »Ägyptischen Rolle«, bei der es um die Rettung vor der Verfolgung durch den Kalifen Al-Hakim im Jahre 1012 geht, vgl. die beiden Fassungen bei Jacob Mann, *The Jews in Egypt and in Palestine under the Fatimid Caliphs*, Bd. 2, Oxford 1922 (Nachdruck in einem Band, New York 1970), Anhang A, Nr. 8, S. 31–38.

76 Eine Tabelle solcher alljährlichen Gedenkfasttage findet sich bei L. Zunz, *Der Ritus des synagogalen Gottesdienstes*, Berlin 1859, S. 127–30 (Nachdruck in einem Band mit *Die synagogale Poesie des Mittelalters*, Hildesheim 1967); Ergänzungen dazu bei D. Simonsen, »Freud und Leid. Locale Fest- und Fasttage im Anschluss an Zunzens Fastentabelle«, in: *Monatsschrift für Geschichte und Wissenschaft des Judentums* 38 (1894), S. 524–27.

77 Zu den Vorgängen und ihren Folgen siehe S. Spiegel, »Mi-pitgamey Ha-'Akedah: Serufey Blois ve-Hithadshut 'Alilot Hadam« [»Die Martyrer von Blois und die Wiederkehr des Ritualmordvorwurfs«], in: *Mordecai M. Kaplan Jubilee Volume*, New York 1953, hebräischer Teil, S. 267–287. Ferner R. Chazan, »The Blois Incident of 1171. A Study in Jewish Intercommunal Organization«, in: *Proceedings of the American Academy for Jewish Research* 36 (1968), S. 13–31.

78 Habermann, *Sefer Gezerot Ashkenaz ve-Zarefat*, S. 126.

79 J. Katz, »Beyn TaTNU leTaH ve-TaT« [»Zwischen 1096 und 1648/49«], in: *Sefer Ha-Yobel leYitzhak Baer*, Jerusalem 1961, S. 318–37.

80 Shabbetai Katz, *Megillat 'Efah*, im Anhang zu M. Wieners Ausgabe von Salomon Ibn Vergas *Schevet Jehuda*, Hannover 1856, Nachdruck 1924, S. 139.

81 *Pinqas Va'ad Arba Arazot* (Acta Congressus Generalis Judaeorum Regni Poloniae, 1580–1764), hgg. v. J. Halperin, Jerusalem 1945, Nr. 207, S. 77 f.

82 Aus dem Vorwort des Druckers zu *Selichot le-Yom Ha-*

'*Esrim le-Sivan*, o. O., o. J. [Krakau 1650]. Das vollständige Vorwort, zusammen mit den erhaltenen Gedichten Hellers, wurde zusammengestellt von A. M. Habermann, »Piyyutav ve-Schirav Schel Rabbi Yom Tob Lipmann Heller«, in: J. L. Hacohen Maimon (Hg.), *Li-Kebod Yom To*, Jerusalem 1956, S. 125 ff. Bezeichnenderweise hatte Heller vorher eigens *selichot* für einen Fasttag verfasst, und zwar zum 14. Heschwan in Prag, der auf die Unruhen der Jahre 1618–21 zurückging, als das Volk sich erhob und einen neuen König wählte. Jetzt fragte ihn der Drucker, weshalb er nicht auch anlässlich der Kosakenmassaker *selichot* schreiben wolle. Heller erwiderte, man müsse die beiden Vorgänge unterscheiden. Die Prager Gefahr habe sich aus einem allgemeinen Kriegszustand ergeben, bei dem »der Zerstörer zwischen Gerechten und Bösen nicht unterscheidet« (ein Zitat aus BT Bawa Kamma 60a). Die Kosakenmassaker hingegen seien auf den gleichen Judenhass zurückzuführen, der im Lauf der Jahrhunderte zu den ganzen Katastrophen geführt habe, und daher reichten die alten *selichot* dafür aus.

83 N. Wahrmann, *Meqorot le-Toledot Gezerot TaH ve TaT. Tefillot u-Selichot le-Kaf Sivan* [»Quellen zur Geschichte der Verfolgung von 1648/49. Gebete und *selichot* zum 20. Sivan«], Jerusalem 1949, S. 9.

84 Im 16. Jahrhundert gelangten sie auf unbekanntem Wege zusammen mit den Kreuzzugschroniken in die Hand von Josef Ha-Kohen, der in *Dibrey Ha-Yamim*, Sabbioneta 1554, fol. 57b–59a daraus zitiert. Kein anderer jüdischer Historiker des 16. Jahrhunderts bezieht sich direkt auf die Ereignisse von Blois. Auch David Gans, selber aschkenasischer Jude, erwähnt sie nicht, sondern stellt lediglich fest: »Im Jahre 4931 widerfuhren den Juden viele Schwierigkeiten, und durch die Gnade Gottes wurden sie gerettet.« (*Zemah David*, Prag 1591, fol. 55b.)

Nach der Vertreibung aus Spanien

85 Erstausgabe Adrianopel 1554; zweite Ausgabe Sabbioneta

1566–67 mit dem falschen Erscheinungsort »Adrianopel«. Viele Nachdrucke und bis Anfang des 19. Jahrhunderts Übersetzungen ins Jiddische, Lateinische, Spanische und Ladinische. Maßgeblich ist heute die Ausgabe von A. Schohat, Jerusalem 1947, mit einer Einleitung von Y. Baer. Deutsche Übersetzung von M. Wiener, *Das Buch Schevet Jehuda*, Hannover 1856, Nachdruck 1924, Neuausgabe Berlin 2006. Spanische Übersetzung von F. Cantera Burgos, *Chevet Yehuda*, Granada 1927. Die grundlegenden Arbeiten dazu sind F. (Y.) Baer, *Untersuchungen über Quellen und Komposition des Schebet Jehuda*, Berlin 1923, sowie vom gleichen Autor »He'arot Hadaschot 'al Sefer Schebet Yehudah« [»Neue Anmerkungen zu *Schevet Jehuda*«], in: *Tarbiz* 6 (1934/35), S. 152–79. Ferner A. A. Neuman, »The *Shebet Yehudah* and SixteenthCentury Jewish Historiography«, in: *Louis Ginzberg Jubilee Volume*, New York 1945, englischer Teil, S. 253–73, nachgedruckt in Neumans *Landmarks and Goals*, Philadelphia 1953, S. 82–104, und Y. H. Yerushalmi, *The Lisbon Massacre of 1506 and the Royal Image in the »Shebet Yehudah«*, Hebrew Union College Annual Beiheft Nr. 1, Cincinnati, 1976.

86 Erstausgabe Konstantinopel 1566; zweite Ausgabe Krakau 1580/81. Die äußerst fehlerhafte moderne Ausgabe besorgte H. Filipowski, *Sefer Yuhasin Ha-Shalem. Liber Juchassin sive Lexicon Biographicum et Historicum*, London und Edinburgh 1857, Nachdruck mit Einleitung und Anmerkungen von A. H. Freimann, Frankfurt/Main 1924. Auszugsweise deutsche Übersetzung in J. Winter und A. Wünsche, *Die jüdische Literatur seit Abschluss des Kanons*, Bd. 3, Trier 1896, S. 339–343. Eine historisch-kritische Ausgabe fordert mit überzeugenden Argumenten J. L. Lacave, »Las fuentes cristianas del Sefer Yuhasin«, in: *Proceedings of the Fifth World Congress of Jewish Studies*, Jerusalem 1972, Bd. 2, S. 92–98. Zu Zacuto und seinem Werk vgl. F. Cantera Burgos, *El judío Salmantino Abraham Zacut*, Madrid 1931, und *Abraham Zacut*, Madrid 1935; A. A. Neuman, »Abraham Zacuto, Historiographer«, in: *Harry Austryn Wolfson Jubilee Volume*, Jerusalem 1965, Bd. 2, S. 597–629; C. Roth, »The Last Years of

Abraham Zacut«, in: *Sefarad* 9 (1949), S. 445–54; A. Shohat, »R. Abraham Zacut bi-Yeshibat R. Yizhak Sholal bi-Yerushalayim« [»Zacuto im Lehrhaus Rabbi Isaak Scholals in Jerusalem«], in: *Zion* 13/14 (1948/49), S. 43–46. Wichtig auch die neuere Untersuchung von M. Bet-Aryé und M. Idel, »Ma'amar 'al Ha-Qez veha-'Iztagninut me'et R. Abraham Zacut« [»Eine Abhandlung von Rabbi Abraham Zacut über die Zeit der Erlösung und über Astrologie«], in: *Kirjath Sefer* 54 (1979), S. 174–92.

87 Zu Capsalis Lebzeiten erschien weder das eine noch das andere Werk im Druck. Heute gibt es eine zweibändige historisch-kritische Ausgabe von A. Shmuelevitz, S. Simonsohn und M. Benayahu, *Seder 'Eliyahu Zuta*, Jerusalem 1976–77; die venezianische Chronik findet sich im zweiten Band, S. 215–327. Ein dritter Band mit Einleitung und Anmerkungen ist 1982 erschienen. Zu Capsali vgl. H. H. Ben-Sasson, »Qavim li-Temunat 'Olamo Ha-Ruhani Veha-Hebrati Shel Kroniston Yehudi be-Shilhey Yemey Ha-Benayim« [»Aspekte der geistigen und sozialen Welt eines jüdischen Chronisten am Ausgang des Mittelalters«], in: *Sefer Zikkaron le-Gedalyahu Alon* [»In Memoriam G. Alon«], Tel Aviv 1970, S. 276–91. S. Simonsohn, »Yehudey 'Eyropah Ha-Nozrit ba-'Asp Aqlariah Shel Seder ›Eliyahu Zuta‹« [»Die Juden im christlichen Europa im Spiegel des Seder ›Eliyahu Zuta‹«], in: *Sefer Zikkaron le-Aryeh Leone Carpi. Scritti in memoria di Leone Carpi*, Jerusalem 1963, S. 64–71.

88 Erstausgabe Ferrara 1553. Neudruck des portugiesischen Textes in drei Bänden durch J. Mendes dos Remédios, Coimbra 1906–1908. Englische Übersetzung und Analyse des dritten Teils von G. I. Gelbart, *A Consolation for the Tribulations of Israel. Third Dialogue*, New York 1964. Vollständige englische Übersetzung mit Einleitung und Anmerkungen von M. Cohen, *Samuel Usque's Consolation for the Tribulations of Israel*, Philadelphia 1965. Vgl. auch A. A. Neuman, »Samuel Usque. Marrano Historian of the Sixteenth Century«, in: *To Dr. R. Essays ... in Honor of the Seventieth Birthday of Dr. A. S.*

W. Rosenbach, Philadelphia 1946, S. 180–203, Nachdruck in Neuman, *Landmarks and Goals*, S. 105–29.

89 Erstausgabe Sabbioneta 1554. Den vorher nie veröffentlichten dritten Teil des Werkes edierte D. A. Gross: *Sefer Dibrey HaYamin ... Heleq Schelischi*, Jerusalem 1955. Gross ließ dabei unerklärlicherweise ganze Abschnitte des Manuskripts aus dem Britischen Museum weg, wie H. H. BenSasson gezeigt hat: »The Reformation in Contemporary Jewish Eyes«, in: *Proceedings of the Israel Academy of Sciences and Humanities* 4 (1970), S. 44, Anm. 127. Die englische Übersetzung der ersten beiden Teile von C. H. F. Bialloblotzky (*The Chronicles of Rabbi Joseph ben Joschua ben Meir the Sephardi*, 2 Bde., London 1835–36) ist leider nur von geringem Wert. Grundlegend nach wie vor I. Loeb, »Joseph Haccohen et les chroniqueurs juifs«, in: *Revue des études juives* 16 (1888), S. 28–56 und 212–35, und in: *Revue des études juives* 17 (1888), S. 74–95 und 247–71, sowie als Sonderdruck Paris 1888.

90 Erstveröffentlichung durch M. Letteris, mit Anmerkungen von S. D. Luzzatto, Wien 1852, Nachdruck Krakau 1895. Deutsche Übersetzung von M. Wiener, *Emek Habacha*, Leipzig, 1858. Französische Übersetzung von Julien Sée, *La vallée des pleurs*, Paris 1881, Nachdruck mit einer Einleitung von J. P. Osier, Paris 1981. Spanische Übersetzung von Pilar León Tello, *Emeq Ha-Bakha de Yosef Ha-Kohen*, Madrid und Barcelona 1964. Mit Vorsicht zu genießen ist die englische Übersetzung von H. S. May, *The Vale of Tears*, Den Haag 1971.

91 Erstausgabe Venedig 1587; zweite Ausgabe Krakau 1596. Weitere Ausgaben vgl. Steinschneider, *Geschichtsliteratur*, Nr. 131. Zum Werk selber siehe A. David, *Mif'alo Ha-Historiografi Schel Gedaliah Ibn* Jachja *ba'al Shalshelet Ha-Qabbalah* [»Das historiografische Werk Gedaliah Ibn Jachjas«], Diss. Hebräische Universität, Jerusalem 1976.

92 Erstausgabe Mantua 1574–75; zweite Ausgabe Berlin 1794. Hgg. von D. Cassel, Wilna 1864 bis 1866, Nachdruck in drei Bänden, Jerusalem 1970. Über Asarja vgl. S. W. Baron, »Azariah de' Rossi's Attitude to Life«, in: *Israel Abrahams*

Memorial Volume, New York 1927, S. 12–53; ders., »La méthode historique d'Azaria de' Rossi«, in: *Revue des études juives* 86 (1929), S. 43–78. Beide Aufsätze mit leichten Kürzungen auch in Barons *History and Jewish Historians*, Philadelphia 1964, S. 174–204 bzw. 205–39.

93 Erstausgabe Prag 1592. Zu den vielen weiteren Ausgaben vgl. Steinschneider, *Geschichtsliteratur*, Nr. 132. Zu Gans als Historiker siehe M. Breuer, »Quavim li-Demuto Schel R. David Gans«, [»David Gans – Eine typologische Betrachtung«], in: *BarIlan* 11 (1973), S. 97–118, sowie B. Degani, »Ha-Mibneh Schel HaHistoriah Ha-'Olamit u-Ge'ulat Yisrael be-*Zemah David* le-R. David Gans« [»Die Struktur der Weltgeschichte und die Erlösung Israels in *Zemah David*«], in: *Zion* 45 (1980), S. 173–200. Eine Gesamtdarstellung bietet A. Neher, *David Gans*, Paris 1974.

94 Ich habe absichtlich nur selbständige Werke zur jüdischen Geschichte aufgeführt, denn nur sie sind wirklich Teil des historiografischen Phänomens, um das es hier geht. Natürlich ließe sich die Liste erweitern, wollte man auch Teile von zeitgenössischen Chroniken und historischen Berichten aufnehmen, die nicht als selbständige historische Schriften gedacht waren, sondern in Bücher aufgenommen wurden, die ganz anderen Gattungen angehörten. Zu nennen ist hier ein aktualisierter »Nachtrag« zu Abraham Ibn Dauds *Sefer Ha-Kabbala*, der 1510 in Fez von einem Spanienflüchtling, Abraham b. Solomon Ardutiel (nicht »von Torrutiel«) abgeschlossen und von Neubauer in: *Mediaeval Jewish Chronicles* 1, S. 101–14 herausgegeben wurde. Eine weitere Edition von A. Harkavy im Anhang zum sechsten Band der hebräischen Übersetzung von Graetz' Geschichte der Juden – *Dibrey yemey Yisrael*, Bd. 6, Warschau 1898 – wurde mit einer neuen historisch-bibliografischen Einleitung nachgedruckt in: A. David, *Schetey Kroniqot 'Ibriot mi-Dor Gerusch Sefarad*, Jerusalem 1979 (wo man auch den historischen Teil von Joseph b. Zaddik von Arévalos *Qizzur Zekher Zaddiq* aus *Mediaeval Jewish Chronicles* 1, S. 85–100, wiederfindet). Es gibt auch eine spanische Übersetzung von F. Cantera Burgos, *El*

libro de la Cabalá de Abraham ben Salomon de Torrutiel, y un fragmento histórico de José Ibn Zaddik de Arévalo, Salamanca 1928.

Andere kurze »Chroniken« der spanischen Vertreibung wurden ediert von A. Marx, »The Expulsion from Spain: Two New Accounts«, *Jewish Quarterly Review* (Alte Serie) 20 (1907/08), S. 240–71, sowie neuerdings von Y. Hacker, »Kroniqot Hadashot 'al Gerush Ha-Yehudim mi-Sefarad, Sibbotav veToz'otav‹ [»Neue Chroniken zur Vertreibung der Juden aus Spanien, deren Ursachen und Folgen«], *Sefer Zikkaron le-Yitzhak Baer* [In memoriam Y. Baer] = *Zion* 44, Jerusalem 1979, S. 202–28. Die Verfolgungen und Vertreibungen in Italien im 16. Jahrhundert im Gefolge der Gegenreformation brachten mehrere Chroniken hervor. Siehe z. B. Benjamin Nehemia b. Elnatans Chronik persönlicher und allgemeiner jüdischer Not im Vatikan, welche I. Sonne unter dem Titel *Mi-Pavlo Ha-Rebi'i ad Pius HaHamischi* [»Von Paul IV. zu Pius V.«], Jerusalem 1954, herausgegeben hat.

95 Eine Fülle von Material aus verschiedenen Literaturgattungen nennt H. H. Ben Sasson in »Galut u-Ge'ulah be-'Eynav Schel Dor Goley Sefarad« [»Verbannung und Erlösung aus der Sicht der Generation der spanischen Vertreibung«], in: *Sefer Yobel le-Yitzhak Baer,* S. 216–27, sowie in »Dor Goley Sefarad 'al 'Azmo« [»Die Generation der aus Spanien Vertriebenen über ihr Schicksal«], in: *Zion* 26 (1961), S. 23–64.

96 Gersonides (Levi b. Gershom [RaLBaG]), *Perusch 'al Ha-Torah,* zu Lev. 26,38.

97 Abravanel, *Perusch Nebi'im Aharonim,* zu Jes. 43,6.

98 Zacuto, *Juchasin,* hgg. v. Filipowski-Freimann, S. 223. Dass die Vertreibung aus Spanien als ein entscheidender Wendepunkt der Geschichte empfunden wurde, zeigt sich auch darin, dass sie im 16. Jahrhundert in jüdischen Kalendern neben der Erschaffung der Welt, dem Auszug aus Ägypten, der Zerstörung des Tempels usw. genannt wird, worauf Y. Hacker in »Kroniqot Hadaschot«, S. 206, Anm. 6, hingewiesen hat; er nennt Beispiele aus 1548 bzw. 1568 in

Konstantinopel gedruckten Kalendern. In meinem Besitz befindet sich ein hebräischer Kalender des Jahres [5]317 (1577), der in Mantua auf ein einzelnes Blatt gedruckt wurde. In der unter geringfügigem Textverlust leicht beschädigten rechten oberen Ecke befindet sich eine Liste von Ereignissen, wobei jeweils die Zahl der seither verflossenen Jahre angegeben ist. Genannt sind u. a. der Auszug aus Ägypten, Bau und Zerstörung des Ersten Tempels, das »Meder- und Perserreich«, das »Griechische Reich«, »1874 [Jahre] seit [dem Anfang] der Zeit der Verträge (*Minyan SheTarot*) und dem Ende der Prophezeiungen (*Hatimat Hazon*) ...,« der Aufstieg »der Religion der Christen«, die Zerstörung des Zweiten Tempels, die Redaktion des Jerusalemischen und die des Babylonischen Talmud, »65 seit der Vertreibung aus Spanien, 57 [*sic*] seit der Vertreibung aus Portugal«.

99 Vgl. Hans Baron, *The Crisis of the Early Italian Renaissance*, Princeton 1955, bes. Kapitel 1 bis 3.

100 Hier folge ich Yitzhak Baer. Vgl. seine Einleitung zu Schohats Ausgabe von *Schevet Jehuda*, S. 11 und 13 f., sowie Baers *Galut*, engl. Übers. New York 1947, S. 77 ff.

101 Vgl. M. Benayahu, »Maqor 'al Megorashey Sefarad be-Portugal ve-Zetam 'Aharey Gezerat RaSaV le-Saloniki« [»Eine Quelle zu den aus Spanien Vertriebenen in Portugal und ihrer Auswanderung nach Saloniki nach der Verfolgung von 1506«], in: *Sefunot* 11 (1971–78), S. 233–65.

102 *Dibrey Ha-Yamim le-Malkhey Zarefat u-Malkey Bet Otoman ha-Togar*, Sabbioneta 1554, Vorwort.

103 Vgl. A. Shmuelevitz' knappe Untersuchung von »Capsali as a Source for Ottoman History, 1450–1523«, in: *International Journal of Middle East Studies* 9 (1978), S. 339–44.

104 Beide Werke sind in mindestens vier Handschriften erhalten: Paris (Alliance, H81A), Berlin (Heb. 160), New York (Columbia University, K82) und Moskau (Günzberg, 212). Dort findet sich unter dem Titel *Mazib Gebulot 'Amim* jeweils auch HaKohens hebräische Übersetzung von Johannes

Böhms' historischgeografischem Werk *Omnium gentium mores, leges et ritus,* Augsburg 1520. Auszugsweise mitgeteilt in R. Weinberg, »Yoseph b. Yehoschua Ha-Kohen veSifro *Mazib Gebulot 'Amim*«, in: *Sinai* 72 (1973), S. 333–64.

105 Vgl. A. Neubauer, »Ha-Heleq Ha-Aharon min Ha-Ma'amar Ha-Shishi Shel Sefer Yuhasin leR. Abraham Zacut« [»Der letzte Abschnitt des sechsten Teils des *Sefer Juchassin*«], in: *Tehilah le-Mosheh* (Festschrift für M. Steinschneider, Leipzig 1896), hebräischer Teil, S. 209–18. Ferner Jirina Sedinovas Beiträge »NonJewish Sources in the Chronicle by David Gans«, in: *Judaica Bohemiae* 8 (1972), S. 3–15, und »Czech History as Refelected in the Historical Work by David Gans«, ebd., S. 74–83. Unter den jüdischen Werken des 16. Jahrhunderts, in denen nichtjüdische Geschichte eine Rolle spielt, darf die Chronologie der türkischen Sultane und der Bericht über die Herrschaft Suleimans des Prächtigen nicht fehlen, welche der salonikische Rabbiner Moses Almosnino auf Ladinisch verfasste; eine gekürzte spanische Fassung ließ Jacob Cansino unter dem Titel *Extremos y grandezas de Constantiopla* 1638 in Madrid erscheinen.

106 *Emek Ha-Bacha,* hgg. v. Letteris, S. 102 ff.; *Sefer Dibrey Ha-Xamim,* Sabbioneta 1554, Teil *I,* fol. 113a. Vgl. in letzterem Werk auch den Bericht über den messianisch begeisterten Märtyrer Salomo Molcho (Teil II, fol. 207a–19b), der mit folgender bedeutsamer Wendung eingeführt wird: »Und ein Spross entsprang aus Portugal [*va-Yeze Hoter miPortugal*], Salomo Molcho war sein Name. ...«

107 Vgl. Y. H. Yerushalmi »Messianic Impulse in Joseph HaKohen«, in: *Proceedings of the Colloquium on Sixteenth-Century Jewish Thought* (Harvard University 1979), wo ich die Meinung vertrete, dass die ganze jüdische Geschichtsschreibung des 16. Jahrhunderts durch messianische Impulse stark bestimmt war.

108 Vgl. C. Berlin, »A Sixteenth Century Hebrew Chronicle of the Ottoman Empire. The *Seder Eliyahu Zuta* of Elijah Capsali and Its Message«, in: *Studies in Jewish Bibliography,*

History and Literature in Honor of I. Edward Kiev, New York 1971, bes. S. 26 ff.

109 In diesem besonderen Sinn gelten wohl Karl Löwiths Bemerkungen zu Vicos Vorstellung von der Vorsehung auch für Ibn Verga: »Trotz ihres übernatürlichen Ursprungs wirkt jedoch die Vorsehung, wie sie Vico versteht, auf so ›natürliche‹ und ›einfache‹ Weise, dass sie fast mit den zivilen Gesetzen der geschichtlichen Entwicklung identisch ist. Sie wirkt ausschließlich durch mittelbare Ursachen in der ›Ökonomie der zivilen Dinge‹, wie sie, weniger durchsichtig, auch in der physischen Welt tätig ist.« Aus: *Weltgeschichte und Heilsgeschehen. Die theologischen Voraussetzungen der Geschichtsphilosophie*, Stuttgart 2004, S. 135.

110 Y. H. Yerushalmi, *The Lisbon Massacre of 1506 and the Royal Image in the »Shebet Yehudah«*, Teil III, S. 35–66.

111 *Sefer Juchassin*, Einleitung des Verfassers, S. 1.

112 Siehe Gans' Einleitung zu Teil II von *Zemah David*, wo er zunächst generell Abbitte dafür leistet, dass er dem Leser heidnische Geschichte präsentiert und sein Wissen aus nichtjüdischen Quellen bezieht, und sich danach bemüßigt fühlt, nicht weniger als zehn nützliche Zwecke aufzuführen, denen das Buch dient. An neunter Stelle heißt es: »Seit wir unter den Völkern sind als Fremde und Besucher, legen wir die Hand vor den Mund und wissen nicht, was wir sagen sollen, wenn sie von den alten Zeiten und den frühen Reichen erzählen oder uns danach fragen. Und so kommen wir ihnen vor wie Vieh, welches rechts und links nicht unterscheiden kann, oder als ob wir alle erst vorgestern zur Welt gekommen wären …«

113 In der Ausgabe Sabbioneta 1554 steht Zerahiahs Gedicht auf der Titelseite.

114 *Josippon*, hgg. v. Hominer, S. 43. Man vergleiche im 17. Jahrhundert die Liste von Lektüreempfehlungen, welche Joseph Delmedigo für den Karaiten Zerah ben Menachem zusammenstellte und die ich diesem Kapitel als ein Motto voran-

gestellt habe. Die historischen Werke – es handelt sich im Wesentlichen um die hier erörterten – werden nur empfohlen, »um sich in einer Stunde der Niedergeschlagenheit abzulenken« *(le-Ta'anug Ha-Nefesch bi-She'at Ha-Izzabon)*. Zum Text siehe S. Assaf, *Meqorot le-Toledot Hahinnuch be-Yisrael*, Tel Aviv, 1936, Bd. 1, S. 101.

115 Ein Beispiel aus dem 18. Jahrhundert möge genügen. Bei der Erörterung der Frage, welche historischen Werke am Schabbat gelesen werden dürfen und welche nicht, stellt Rabbi Jacob Emden fest: »Obgleich viele Wunder, die unseren Vorfahren widerfahren sind, darin vorkommen, sollte das Buch *Schevet Jehuda* am Schabbat verboten sein wegen der Dinge, die die Seele des Lesers betrüben und schmerzen. An Wochentagen aber ist es recht und geziemt sich für jeden Juden, dass er hineinschaut und den Inhalt kennt, weil er daraus eine Reihe von Worten der Weisheit gewinnt, vor allem bei der Erzählung der Wunder des Herrn für unser heiliges Volk, welches seit dem Tag seiner Entstehung verfolgt wird, doch die Augen des Herrn waren auf uns, und Er hat uns nicht verlassen, dass wir vernichtet werden. ... Deshalb sage ich, dass jeder Israelit verpflichtet ist, in diesem schönen Buch genau Bescheid zu wissen, damit er sich an Gottes Gnade für uns in allen Geschlechtern erinnert, denn wir haben die vielen Verfolgungen noch nicht hinter uns. ...Und dabei wird [der Leser] Süßes und Kostbares erfahren und Kenntnis erlangen in den Methoden der [jüdisch-christlichen] Polemik und der Widerlegung jener Männer des Bösen, die Israel in die Irre führen ...« (*Sefer Mor u-Qeziah*, Teil II, Altona 1761, Nr. 307).

116 Emden, ebd. Vgl. Joseph Karo, *Schulchan 'Aruch*, 'Orah hayyim, Nr. 307, S. 16, und Moses Isserles' Glosse *ad. loc.*

117 *Meor Enajim*, hgg. v. Cassel, Bd. 1, S. 182. Die Wendung *Mai de-Havah Havah* (was war, war) stammt aus dem Talmud (*Joma* 5b), wo die Frage nach der Art, wie Aron und seine Söhne das Priestergewand trugen, zunächst abgetan wird, da sie nur von antiquarischem Interesse sei.

118 *Meor Enajim*, Bd. 1, S. 189.

119 Ebd., Bd. 2, S. 275.

120 Das führte dazu, dass noch während des Drucks einzelne Seiten vernichtet und auf anderen Veränderungen vorgenommen wurden; auch durch Ergänzungen sollte weiterer Kritik vorgebeugt werden. Diese komplizierten Vorgänge hat I. Mehlman anhand von Originalseiten in seinem Besitz rekonstruiert; vgl. »Sebib Sefer *Me'or 'Einayim* le-R. Azariah min Ha-'Adumin. Schetey Mahadurot la-Defus HaRischon« [»Über R. Asarja de' Rossis *Meor Enajim*. Zwei Auflagen des Erstdrucks«], in: *Zer li-Geburot* (Festschrift für S. A. Shazar), Jerusalem 1973, S. 638–57. Nachdruck in Mehlmans *Genuzot Sefarim* [»Bibliografische Aufsätze«], Jerusalem 1976, S. 21–39.

121 Vgl. D. Kaufmann, »Contributions à l'histoire des luttes d'Azaria de' Rossi«, in: *Revue des études juives* 33 (1896), S. 77–87; ders., »La défense de lire le Meor Enayim d'Azaria de' Rossi«, in: *Revue des études juives* 38 (1899), S. 280–81; ferner S. Z. H. Halberstamm, »Scheloshah Ketabim 'al Debar Sefer Me'or 'Einayim«, in: *Tehilah le-Mosheh*, hebräischer Teil, S. 1–8, sowie D. Tamar, »La-Herem 'al Ha-Sefer Me'or 'Einayim« [»Über das Verbot des *Meor Enajim*«], in: *Kirjath Sefer* 33 (1958), S. 378–79.

122 Zum Angriff des Prager Rabbiners Juda Löw b. Bezalel (MaHaRaL) vgl. *Be'er ha-golah*, New York 1969, S. 126–41. Den Bericht über ein Verbot, welches Joseph Karo in Safed auf dem Sterbebett aussprach, teilt Kaufmann in seinem in Anm. 37 genannten Aufsatz in *Revue des études juives* 33 mit.

123 *Meor Enajim*, Bd. 1, S. 214–19.

124 Ein Paradebeispiel für unnachgiebige Opposition gegen jede nicht wörtliche Deutung der Aggada bietet im 16. Jahrhundert der Mischnagelehrte Joseph Aschkenasi in Safed. Vgl. G. Schalem, »Yedi'ot Hadashot 'al R. Yosef Ashkenazi, Ha-Tanna mi-Zefat« [»Neues über R. Joseph Aschkenasi, ›Tanna‹ von Safed«], in: *Tarbiz* 28 (1959), S. 59–89 und

201–33. Zum Verständnis der Feindseligkeit von MaHaRaL gegenüber dem *Meor Enajim* (vgl. Anm. 38) ist auch dessen eigenes komplexes Aggadaverständnis wichtig. Vgl. J. Elbaum, »R. Judah Loew of Prague and his Attitude to the Aggadah«, in: *Scripta Hierosolymitana* 22 (1971), S. 28–47.

125 Die diversen Chroniken aus dem 17. und 18. Jahrhundert stellen kein dynamisches neues Phänomen mehr dar. Bestenfalls erreichen sie eben das Niveau der jüdischen Geschichtsschreibung des 16. Jahrhunderts, manchmal bedeuten sie hinsichtlich Qualität und Horizont einen Rückschritt. Bei schwankendem Informationswert und inhärentem Interesse des einzelnen Werkes findet sich durchweg eine streng konservative Einstellung zur jüdischen Geschichte, die sich in ausgefahrenen Bahnen bewegt, auch wenn die Chronik der Ereignisse auf den neuesten Stand gebracht wird – wie sich durch eingehende Analyse der einzelnen Werke veranschaulichen ließe; mir geht es im Augenblick aber nur um eine kurze Einordnung der bekannteren Chroniken. Bei manchen handelt es sich – wörtlich oder im übertragenen Sinne – um einen Anhang zu Werken der Geschichtsschreibung des 16. Jahrhunderts. David Tebele Schiffs sog. »Teil III« zu Gans' *Zemah David*, mit dem Originalwerk veröffentlicht als *Zemah David He-Hadash*, Frankfurt/Main 1692, führt Gans' Schrift lediglich chronologisch hundert Jahre weiter. Ähnlich steht es mit der anonymen Fortsetzung von Josef Ha-Kohens *Dibrey Ha-Yamim* (nicht von *Emek Ha-Bacha*) – vgl. M. Shulwass, »To which of Rabbi Joseph Hacohen's works had the Proof-Reader written his ›Continuation‹«, in: *Zion* 10 (1944/45), S. 78–79. Immanuel Aboabs historische Exkurse am Schluss seiner spanisch geschriebenen Verteidigung des mündlich überlieferten Rechts, *Nomologia, o discursos legales*, Amsterdam 1629, und sogar noch Joseph Sambaris Chronik *Dibrey Yosef* (in Auswahl in *Mediaeval Jewish Chronicles* 1, S. 115–62) gehören nach Stil und Betrachtungsweise ins Jahrhundert davor. Die Chroniken der Kosakenmassaker 1648/49 in Polen, *Yeven mezulah, Za'ar bat Rabbim, Zuq Ha-'Ittim* und *Tit HaYeven*,

stehen – von der Geschichtsschreibung des 16. Jahrhunderts völlig unbeeinflusst – voll in der aschkenasischen martyrologischen Tradition und haben ihre geistigen Wurzeln in der Mentalität der Kreuzzugschroniken des 12. Jahrhunderts. David Gonfortes *Qore Ha-Dorot*, nach 1677 abgeschlossen und 1746 in Venedig erschienen, oder Yehiel Heilprins *Seder Ha-Dorot*, Karlsruhe 1768, gehören gattungsmäßig eindeutig zur Literatur der »Traditionskette«.
Wenn sich historisches Interesse gelegentlich auch in Holland regte, so beschränkte man sich im Allgemeinen auf die nähere Umgebung und auf die Gegenwart (vgl. den Überblick von L. und R. Fuks, »Joodse Geschiedsschrijving in de Republiek in de 17e en 18e Eeuw«, in: *Studia Rosenthalia* 6 (1972), S. 137 ff., in englischer Fassung unter dem Titel »Jewish Historiography in the Netherlands in the 17th and 18th Centuries«, in: *Salo Wittmayer Baron Jubilee Volume*, Jerusalem 1974, 1, S. 433–66. Das umfassendste in Holland entstandene Werk ist Menachem Man Amilanders *Scheyris Yisroel*, Amsterdam 1743, gedacht als jiddische Fortsetzung des *Josippon*; wirklich wichtig sind aber nur die Teile, in denen es um die holländischen Juden selbst geht. Ansonsten gibt der Verfasser wieder, was er in *Schevet Jehuda* und anderen Werken des 16. Jahrhunderts fand und lehnt sich stark an Basagne an (vgl. viertes Kapitel). Im ganzen 17. und 18. Jahrhundert wurden in der historischen Literatur keine neuen Wege eingeschlagen, erschien nichts im kritischen Geist eines Ibn Verga oder Asarja de' Rossi, gab es keine nachhaltige Ausweitung des Blickfeldes auf die Geschichte anderer Völker. Noch 1793 kam es in Prag zu einem Neudruck von Abraham Farissols geografischem Werk aus dem 16. Jahrhundert, *'Iggeret 'Orhot 'Olam*, und 1810 wurde es noch einmal aufgelegt, und zwar zusammen mit *Seder 'Olam Rabba, Seder Olam Zuta* und Ibn Dauds *Sefer Ha-Qabbalah*, in der gleichen Zusammenstellung also, die wir aus Ausgaben des 16. Jahrhunderts kennen (vgl. Anm. 58).

126 Vgl. I. Tishby, *Torat Ha-Ra Veha-Qelippah be-Qabbalat Ha-'Ari* [»Die Lehre vom Bösen und ›Qelippa‹ in der lurianischen Kabbala«], Jerusalem 1942, und G. Scholem, *Die jüdi-*

sche Mystik in ihren Hauptströmungen, Frankfurt/Main 1967, Kap. 7, »Isaak Luria und seine Schule«. Zur Bedeutung, Ausbreitung und Wirkung der lurianischen Kabbala am Ende des 16. Jahrhunderts siehe G. Scholem, Sabbatai Zwi. Der mystische Messias, Frankfurt/Main 1992, Kap. 1, »Der Hintergrund der sabbatianischen Bewegung «, S. 1–102.

Das Unbehagen in der modernen Geschichtsschreibung

127 Zu Basagnes Geschichtswerk vgl. M. Yardeni, »New Concepts of Post-Commonwealth Jewish History in the Early Enlightenment. Bayle and Basagne«, in: *European Studies Review* 7 (1977), S. 245–58 (dies ist eine erweiterte Fassung ihres hebräischen Vortrags in: *Proceedings of the Sixth World Congress of Jewish Studies*, Jerusalem 1975, Bd. 2, S. 179–84).

128 »Et j'ose dire, qu'il n'a point paru d'Historien chez les Juifs mêmes, qui ait rassemblé un si grand nombre de Faits qui regardent leur Nation; quoi qu'ils eussent plus d'intérêt que nous à le faire; Au contraire, il y a chez eux une grande rareté d'Historiens, et une affreuse sécheresse dans les Memoires de ceux qui ont écrit.« J. Basnage, *Histoire des Juifs*, Den Haag 1716, Bd. 1, S. 19.

129 Ebd., S. 20 f.

130 Ebd., S. 21. Namentlich nennt er Gedaliah Ibn Jachja, David Gans, Salomo Ibn Verga und Abraham Zacuto.

131 Schon 1719 war in Amsterdam eine gekürzte holländische Übersetzung von Buscar Graevius in einem Band unter dem Titel *Kort Begryp van de Geschiedenisse der Joden, dienende tot een Verfolg van Josephus* erschienen.

132 N. Z. Weisel, *Dibrey Schalom ve'Emet*, Berlin 1782, Kap. 5 (ohne Seitenzählung).

133 *Ha-Me'assef* 1 (Königsberg 1783/84), S. 7.

134 »Dabar 'el Ha-Qore mi-To'elet Dibrey Ha-Hayyim Ha-Qadmonim Veha-Yedi'ot Ha-Mehubarot laHem«, ebd., S. 7–25.

135 Die Bedeutung von Zunz als »Vater« der modernen jüdischen Wissenschaft ist oft erörtert worden, zuletzt bei L. Wieseltier, »*Etwas über die jüdische Historik.* Leopold Zunz and the Inception of Modern Jewish Historiography«, in: *History and Theory* 20 (1981), S. 135–49.

136 Zur Gründung des Vereins siehe S. Ucko, »Geistesgeschichtliche Grundlagen der Wissenschaft des Judenthums (Motive des Kulturvereins vom Jahre 1819)«, in: *Zeitschrift für die Geschichte der Juden in Deutschland* 5 (1935), S. 1–34. Vgl. auch M. Meyer, *The Origins of the Modern Jew*, Detroit 1967, S. 162 ff.

137 Vgl. M. Wiener, »The Ideology of the Founders of Jewish Scientific Research«, in: *YIVO Annual of Jewish Social Science* 5 (1950), S. 184–96; ders., *Jüdische Religion im Zeitalter der Emanzipation*, Berlin 1933, Kap. 3; das Buch liegt auch in hebräischer Übersetzung, Jerusalem 1974, vor. Vgl. auch N. N. Glatzer, »The Beginnings of Modern Jewish Studies«, in: A. Altmann (Hg.), *Studies in Nineteenth-Century Jewish Intellectual History* , Cambridge, Massachusetts 1964, S. 2–45.

138 Zitiert nach: Z. Rubaschoff: »Erstlinge der Entjudung«; in: *Der jüdische Wille. Zeitschrift des Kartells Jüdischer Verbindungen* 3 (1918).

139 Gershom Scholems äußerst scharfe Kritik an der Wissenschaft des Judenthums ist auch zum Verständnis seines eigenen Werkes unerlässlich. Vgl. seinen Aufsatz »Mi-Tokh Hirhurim 'al Hokhmat Yisrael«, zuerst 1945 in *Luah Ha-'Arez*, nachgedruckt in *Debarim be-Go*, Tel Aviv 1975, S. 385–403. Bei »Wissenschaft vom Judentum einst und jetzt« in Scholems *Judaica 1*. Frankfurt/Main 1977, S. 147–164, handelt es sich übrigens nicht etwa um eine Übersetzung dieses Aufsatzes, sondern um einen weniger polemischen Vortrag, den er 1959 auf Deutsch am Londoner Leo Baeck-Institut hielt.

140 Eine wichtige und provokante Erörterung der Feindseligkeit moderner Schriftsteller gegenüber dem Historiker und ihrer Neigung, anhand einer Historikergestalt »the extreme

example of repressed sensibility in the novel and theatre« vorzuführen, liefert H. V. White, »The Burden of History«, in: *History and Theory* 5 (1966), S. 111–34.

141 An eine zu Lebzeiten weitgehend ignorierte Ausnahme erinnert S. W. Baron in »Levi Herzfeld the First Jewish Economic Historian«, in: *Louis Ginzberg Jubilee Volume*, New York 1945, englischer Teil, S. 75–104; nachgedruckt in Barons *History and Jewish Historians*, S. 322–43.

142 B. Spinoza, *Tractatus theologico-politicus*, Deutsch von Carl Gebhardt, in: *Sämtliche Werke*, hgg. v. Günter Garwigk, Hamburg 1976, Bd. III, S. 63.

143 Zitiert bei Löwith, *Weltgeschichte und Heilsgeschehen*, S. 121.

144 Ebd., S. 209 f.

145 P. Browe, *Die Judenmission im Mittelalter und die Päpste*, Rom 1942, S. 310.

146 Das radikalste und folgenreichste Einzelbeispiel dafür ist wohl Scholems Behandlung der sabbatianischen und nach-sabbatianischen messianischen Bewegungen im 17. und 18. Jahrhundert. Schon in dem ikonoklastischen Aufsatz »Mizvah Ha-Ba'ah ba-'Aberah« (in: *Keneset* 2 (1937), S. 347–92; engl. Übersetzung von H. Halkin als »Redemption through Sin« in: ders., *The Messianic Idea in Judaism*, S. 79–141) hatte Scholem erklärt, er wolle zeigen, dass »der Sabbatianismus nicht nur als kontinuierliche Bewegung zu sehen ist, die in den Augen ihrer Anhänger ihre Identität bewahrte, unabhängig davon, ob diese nun Juden blieben oder nicht, sondern – so paradox dies scheinen mag – auch als ein von Anfang bis Ende spezifisch jüdisches Phänomen«.

Diese Auffassung hat Scholem jahrzehntelang vertreten, bis hin zu dem großangelegten Werk *Sabbatai Zwi. Der mystische Messias*. Dort hält Scholem im Vorwort seine grundsätzliche Einstellung noch einmal fest: »Ich bin nicht der Meinung jener wahrlich vielen, die Ereignisse der jüdischen Geschichte von einem festen dogmatischen Standpunkt aus sehen und genau wissen, ob das eine oder andere Phänomen ›jüdisch‹ ist oder nicht. Auch bin ich kein Anhänger der Schule, die annimmt, daß es ein wohldefiniertes und unveränderliches ›Wesen‹ des Judentums gäbe, ich bin es besonders dort nicht, wo historische Ereignisse zu bewerten sind.« Das Werk löste sofort eine Flut von Kritik aus, die z. T. so maßlos und persönlich gehalten war, dass der eigentliche Streitpunkt dabei aus dem Blickfeld geriet. Eine umsichtige Darstellung dieser Kontroverse und der strittigen Themen bietet D. Biale, *Gershom Scholem. Kabbalah and Counter-History*, Cambridge, Massachusetts 1979, S. 155, 172 ff., 192 ff. und *passim* (mit vollständiger Bibliografie).

147 Zum Konflikt mit Graetz und dem Breslauer Seminar vgl. zuletzt N. H. Rosenbloom, *Tradition in an Age of Reform. The Religious Philosophy of Samson Raphael Hirsch*, Philadelphia 1976, S. 106 ff.

148 Siehe Luzzattos Brief vom 5. Juni 1860 an S. Y. Rapoport in Luzzattos gesammelten Briefen, *'Iggerot SHaDaL*, 2 Bde. in 9 Abteilungen, Przemyśl und Krakau 1882/94, Bd. 2 (Nr. 646), S. 1367; Nachdruck Jerusalem 1967.

149 Vgl. A. Altmanns klare Analyse »Franz Rosenzweig on History«, in: ders. (Hg), *Between East and West. Essays Dedicated to the Memory of Bela Horovitz*, London 1958, S. 194–214; nachgedruckt in Altmanns *Studies in Religious Philosophy and Mysticism*, Ithaca 1969, S. 275–91.

150 Vgl. die eingehende Erörterung der Unterschiede in Franz Rosenzweig, *Der Stern der Erlösung*, Frankfurt/Main 1988 (seitenidentisch mit der 4. Auflage, Den Haag 1976), Dritter Teil, Erstes Buch (über die Juden) und Zweites Buch (über die Völker der Welt). Eine klare Darstellung von Rosenzweigs Position und ihrer Bedeutung bietet A. A. Cohen, *The Natural and the Supernatural Jew*, New York 1962, S. 120–48; Deutsch von H. Schmidthüs: Arthur A. Cohen, *Der natürliche und übernatürliche Jude. Das Selbstverständnis des Judentums in der Neuzeit*. Freiburg/München 1966, S. 125–150. Vgl. auch K. Löwiths interessanten Vergleich von

»Martin Heidegger und Franz Rosenzweig. *Ein Nachtrag zu ›Sein und Zeit«, in: ders., Sämtliche Schriften,* hrsg. von Klaus Stichweh, Bd. 8, *Heidegger – Denker in dürftiger Zeit. Zur Stellung der Philosophie im 20. Jahrhundert,* Stuttgart 1984, S. 72–101.

151 E. Rosenstock-Huessy, *Out of Revolution,* New York 1964, S. 696.

152 Weitere Widersprüche zwischen Geschichte und Gedächtnis erörtert mit etwas anderer Akzentuierung M. Halbwachs in *Das kollektive Gedächtnis,* Frankfurt/Main 1991, S. 66–70. Halbwachs' Feststellung, »daß die Geschichte im allgemeinen an dem Punkt beginnt, an dem die Tradition aufhört – in einem Augenblick, an dem das soziale Gedächtnis erlischt und sich zersetzt«, kann zwar die traditionelle jüdische Historiografie, mit der wir uns in den früheren Kapiteln befasst haben, nicht erklären, trifft aber auf die moderne jüdische Geschichtsschreibung voll und ganz zu.

153 Ich meine insbesondere den geringen Einfluss der historischen Forschung und Geschichtsschreibung. Zwar greift ohne Zweifel seit dem frühen 19. Jahrhundert eine »Historisierung« der jüdischen Tradition um sich, doch nur in dem vagen und allgemeinen Sinn, dass man diese Tradition nicht mehr als offenbart und ewig auffasst, sondern als historisch bedingt und wandelbar. Ob diese Entwicklung auf die Errungenschaften der jüdischen Geschichtswissenschaft zurückzuführen ist, darf bezweifelt werden; nachweisen lässt sich dagegen meines Erachtens, dass auch heute ohne Einbeziehung der Ergebnisse historischer Forschung über das Judentum philosophiert wird. Man beruft sich dann zwar auf die Geschichte, aber nicht unbedingt auf die Historiker. So verfährt z. B. auch N. Rotenstreich in seinem sonst lesenswerten Buch *Tradition and Reality. The Impact of History on Modern Jewish Thought,* New York 1972. Von den sechs behandelten Gestalten waren vier selber Historiker – Zunz, Krochmal, Graetz und Dubnow. Was die beiden anderen angeht, den zionistischen Theoretiker Ahad

Ha-Am und den großen hebräischen Dichter Chaim Nahman Bialik, so würde wohl auch Rotenstreich nicht sagen wollen, ihr Denken sei durch die Auseinandersetzung mit historischer Forschung entscheidend geprägt. Der springende Punkt steckt in Rotenstreichs Behauptung, »the rise of historical consciousness in Jewish thought brought about a weakening of the bonds of tradition« (S. 77); ich meine allerdings, dass Ursache und Wirkung hier vertauscht sind.

154 Die folgenden Zitate basieren auf der englischen Übersetzung von Ben Halpern in *Partisan Review* 23 (1956), S. 171–87.

155 »Ohne Vorfahren, ohne Ehe, ohne Nachkommen, mit wilder Vorfahrens-, Ehe- und Nachkommenslust.« Franz Kafka, *Tagebücher*, Frankfurt/Main 1967, Eintrag vom 21. Januar 1922, S. 402. Dass »Vorfahren« nicht rein biologisch zu verstehen ist, zeigt u. a. der berühmte »Brief an den Vater«, wo dem Vater vorgeworfen wird, er habe von seinem Judentum nur einen gemeinen Scherbenhaufen weitergegeben. Zur Graetz-Lektüre siehe den Tagebuch-Eintrag vom 1. November 1911, ebd., S. 94.

156 Aus dem Manuskript eines Vortrags bei der Eröffnung des Freien Jüdischen Lehrhauses in Frankfurt, abgedruckt in *Franz Rosenzweig: His Life and Thought*, hgg. v. N. N. Glatzer, New York 2., rev. Ausg. 1961, S. 231; Dt.: Franz Rosenzweig, »Neues Lernen. Entwurf der Rede zur Eröffnung des Freien Jüdischen Lehrhauses«, in: ders., *Kleine Schriften*, hrsg. von Edith Rosenzweig, Berlin 1937, S. 97.

157 Wenn im 19. Jahrhundert die jüdische Geschichte überwiegend als Kultur- oder Leidensgeschichte gesehen wurde, so handelte es sich dabei letzten Endes um eine Metamorphose der mittelalterlichen Vorliebe für Martyrologie und der »Traditionskette« – hier läuft also wohl die Linie, die von der Wissenschaft des Judenthums ins Mittelalter zurückführt. Es war Salo Baron, der schon früh vom »tränenreichen jüdischen Geschichtsbild« sprach und diese Einstellung während seiner ganzen wissenschaftlichen Laufbahn unermüdlich bekämpfte.

158 Konkrete Beispiele finden sich in meinem Aufsatz über »Clio and the Jews«, S. 609–11.

159 Ich hatte diesen Passus schon zu Papier gebracht, als mir wieder einfiel, dass bereits Nietzsche die Schlaflosigkeit als Metapher für den geschichtsbesessenen Menschen benutzte, als er schrieb: »Also: es ist möglich, fast ohne Erinnerung zu leben, ja glücklich zu leben, wie das Tier zeigt. Es ist aber ganz und gar unmöglich, ohne Vergessen überhaupt zu *leben*. Oder, um mich noch einfacher über mein Thema zu erklären: *es gibt einen Grad von Schlaflosigkeit, von Wiederkäuen, von historischem Sinne, bei dem das Lebendige zu Schaden kommt und zuletzt zugrunde geht, sei es nun ein Mensch oder ein Volk oder eine Kultur.*« »Vom Nutzen und Nachteil der Historie für das Leben«, in: ders., *Werke in drei Bänden*, hgg. v. K. Schlechta, München 1954–56, Bd. 1, S. 213.

160 Jorge Luis Borges, »Funes el memorioso« in: *Ficciones*, Buenos Aires 1956, S. 123 und 125. Übersetzt auf Deutsch von Gisbert Haefs als »Das unerbittliche Gedächtnis«, in: Jorge Luis Borges, *Gesammelte Werke*, München 1981, Bd. 1, S. 178 u. 180.

Nachwort

1 Veröffentlicht als »Assimilierung und rassischer Antisemitismus. Die iberischen und deutschen Modelle«, in: Yosef Hayim Yerushalmi, *Ein Feld in Anatot. Versuche über jüdische Geschichte*, Deutsch von Wolfgang Heuss, Berlin 1993, S. 53–80.

2 Es liegt noch keine Biografie zu Yerushalmi vor, aber biografische Aufsätze finden sich u.a. in folgenden Schriften und Sonderausgaben von Zeitschriften, hier in chronologischer Ordnung: Elisheva Carlebach et al. (Hg.), *Jewish History and Jewish Memory. Essays in Honor of Yosef Hayim Yerushalmi*, Waltham 1998; Yosef Hayim Yerushalmi und Sylvie Anne Goldberg, *Transmettre l'histoire juive: Entretiens avec Sylvie Anne Goldberg*, Paris 2012 (auf Englisch als *Transmitting*

Jewish History. Yosef Hayim Yerushalmi in Conversation with Sylvie Anne Goldberg, Waltham 2021); David N. Myers und Alexander Kaye (Hg.), *The Faith of Fallen Jews. Yosef Hayim Yerushalmi and the Writing of Jewish History*, Waltham 2013; sowie die Yerushalmi gewidmeten Ausgaben der Zeitschriften *Jewish Quarterly Review* 97/4 (2007) und *Jewish History* 28/1 (2014 unter dem Titel »The Scholarly Legacy of Yosef Hayim Yerushalmi«). Biografisch von Interesse ist auch der Aufsatz von Pierre Birnbaum, »From Europe to Pittsburgh. Salo W, Baron and Yosef H. Yerushalmi Between the Lachrymose Theory and the End of the Vertical Alliance«, in: Rebecca Kobrin (Hg.), *Salo Baron. The Past and Future of Jewish Studies in America*, New York 2022.

3 Michael Brenner und David Myers (Hg.), *Jüdische Geschichtsschreibung heute. Themen, Positionen, Kontroversen. Ein Schloss Elmau-Symposion*, München 2002.

GESCHICHTE BEI WAGENBACH

Yosef H. Yerushalmi Ein Feld in Anatot

Versuche über jüdische Geschichte

Ein im heutigen Europa äußerst aktuelles Buch über das Verhältnis der Juden zu ihrer Geschichte, über Erinnern, Hoffen und Vergessen. Wie lässt sich ein über zweitausendjähriges Geschichtstrauma einbetten in eine »jüdische Geschichte der Hoffnung«, als deren Vertreter Yerushalmi sich versteht?

Aus dem Amerikanischen von Bruni Röhm und Wolfgang Heuss
KKB 44. Englische Broschur. 96 Seiten

Olivette Otele Afrikanische Europäer

Eine unerzählte Geschichte

Eine faszinierende neue Sicht auf die Geschichte Europas: Olivette Otele untersucht die lange verdrängte Rolle Schwarzer Menschen. Ein Standardwerk für ein neues kulturelles Selbstverständnis, das afrikanisch-europäisch sein wird.

Aus dem Englischen von Yasemin Dinçer
Gebunden mit Schutzumschlag. 304 Seiten

Peter Burke Giganten der Gelehrsamkeit

Die Geschichte der Universalgenies

Wie passt das Wissen der ganzen Welt in den Kopf eines einzelnen Menschen? Wie kann jemand Kenntnisse von 25 Sprachen und parallel in mannigfachen Disziplinen und Künsten besitzen? Das große Werk des bedeutenden Kulturhistorikers Peter Burke: Die Geschichte einer gefährdeten Spezies – die der Universalgelehrten.

Aus dem Englischen von Matthias Wolf unter Mitarbeit von Ursula Wulfekamp
Großformat. 320 Seiten

Carlo Ginzburg Der Käse und die Würmer

Die Welt eines Müllers im 16. Jahrhundert

Ein Schlüsseltext für die moderne Geschichtsschreibung: die Mentalität und das Weltbild eines Müllers zur Zeit der Inquisition. Mit einem neuen Vorwort des Autors.

Erweiterte Ausgabe mit neuem Vorwort
Aus dem Italienischen von Karl F. Hauber
WAT 819. Broschiert. 240 Seiten

GESCHICHTE BEI WAGENBACH

Carlo Ginzburg *Faden und Fährten*

wahr falsch fiktiv

Endet die historische Wahrheit, wo die Erfindung beginnt? Der Spurensicherer Carlo Ginzburg präsentiert die Bilanz seines Historikerlebens – und gewährt neue Einblicke in die schier unendliche Fülle seiner Themen und Gedanken.

Aus dem Italienischen von Victoria Lorini
KKB 84. Gebunden mit Schildchen und Prägung. 160 Seiten

Georges Duby *Kunst und Gesellschaft im Mittelalter*

Ein reich bebilderter Überblick über das Jahrtausend zwischen dem Untergang Roms und der Renaissance – und ein eindrückliches Plädoyer für eine gemeinsame europäische Kultur.

Aus dem Französischen von Horst Günther
WAT 820. Broschiert. 144 Seiten

Peter Burke *Augenzeugenschaft*

Bilder als historische Quellen

Ein Grundlagenwerk der Bildwissenschaft: Peter Burke vermittelt das kritische Werkzeug, um dem, was Bilder mehr oder anders sagen als Texte, auf die Spur zu kommen.

Aus dem Englischen von Matthias Wolf
WAT 631. Broschiert. 256 Seiten

Verlag Klaus Wagenbach Emser Straße 40/41 10719 Berlin
www.wagenbach.de vertrieb@wagenbach.de